Lf 137/5

C.)

X

PARIS. — IMPRIMERIE DE RIGNOUX,
RUE DES FRANCS-BOURGEOIS-MICHEL, N° 8.

# LA
# HAUTE POLICE

OU

## POLICE D'ÉTAT

SOUS LE RÉGIME CONSTITUTIONNEL;

SON APPLICATION SPÉCIALE
AUX DÉPARTEMENS DE L'OUEST ET DU MIDI DE LA FRANCE,
ET A LA NOUVELLE POSSESSION D'ALGER.

APPRÉCIATION, PAR UN SEUL FAIT, DE LA VÉRACITÉ DES MÉMOIRES
PUBLIÉS PAR M. DE BOURRIENNE, EX-MINISTRE D'ÉTAT SOUS LA
RESTAURATION.

## Par M. D'Aubignosc,

Ex-directeur général de la police à Hambourg, pour tout le Nord
de l'empire, et lieutenant général de police à Alger.

## A PARIS,

### CHEZ FERRA, LIBRAIRE,

RUE DES GRANDS-AUGUSTINS, N° 23.

—

## 1832.

# AVANT-PROPOS.

## MOTIFS DE CETTE PUBLICATION.

« Faire paraître une brochure, me disait un ami, dans ce moment de préoccupation générale, c'est mal prendre son temps.

« Si vous écrivez pour l'histoire, vous venez trop tôt; si c'est par spéculation, vous arrivez trop tard.

« Ce ne sont plus les hommes et les choses passées qui ont le privilége de capter les loisirs de la malignité publique. Il faut pour l'exciter et la satisfaire, s'en prendre au présent, et à tout ce qu'on eût respecté ou ménagé en d'autres temps. Plus on frappe haut et ferme, plus on obtient de succès; qu'importe si l'on frappe juste ! »

Tels ne sont ni mon plan, ni ma pensée, quoique j'eusse peut-être le droit d'entrer dans cette voie par forme de représailles, et, à coup sûr, le moyen de la parcourir par la qualité des matériaux que je possède.

Je ne veux que relever des erreurs en ce qui me concerne, et faire ressortir, de cette manière de justification, des vérités utiles pour mon pays.

M. Bourrienne a publié des Mémoires. A l'époque où il prit ce parti, la spéculation était bonne; il suffisait que le nom sous lequel paraissaient ces espèces d'annales eût eu une célébrité quelconque, bonne ou mauvaise, pour que les éditeurs qui s'en chargeaient y missent un prix avantageux. Ils ne tenaient pas beaucoup à l'exactitude, à la véracité du contenu; du neuf ou du peu connu, des personnalités, du scandale surtout, et la vogue était assurée.

M. Bourrienne était en fonds pour alimenter ce genre de commerce. Je n'entreprendrai point de le réfuter; je ne veux que relever une des erreurs nombreuses qu'il s'est permises.

Quand ses Mémoires parurent, les réclamations s'élevèrent en foule. Les journaux, fatigués de l'enregistrement des plaintes auxquelles à peu près chaque nom inscrit dans ce libelle pouvait donner lieu, s'accordèrent à convenir de l'inutilité des rectifications.

Le personnage était trop connu; les faits monstrueux qui l'avaient fait exclure du conseil d'État et du cabinet de l'Empereur, et tout ce qui avait retenti de ses dilapidations pendant sa mission à Hambourg, étaient encore trop présens à tous les esprits, pour qu'il fût permis à un homme, tant soit peu au fait de l'histoire de l'époque, de prendre des impressions défavorables sur quel-

qu'un , en s'appuyant sur les assertions de
M. Bourrienne.

On n'avait point oublié l'effroi généralement
causé en France par la nomination instantanée
de cet individu, le 1er avril 1814, à la direction
générale des postes du royaume. Il avait été tel,
que le gouvernement provisoire s'était vu contraint, par la clameur publique, de l'en éloigner,
après très peu de momens d'exercice de ses fonc.
tions.

On se souvenait aussi des termes sanglans
dans lesquels tous les journaux, celui des *Débats*
entre autres, avaient annoncé sa retraite de la
préfecture de police, où il avait paru dans les
trois ou quatre jours qui précédèrent le retour
de l'île d'Elbe. « M. Bourrienne, disait-on dans
« cette feuille, a quitté ce matin la préfecture de
« police, en emportant la caisse de cette adminis.
« tration. Pouvait-il avoir une caisse à sa portée et
« ne pas s'en saisir ! »

J'approuvais et j'éprouvais le dégoût que mani-
festaient les feuilles publiques pour cette masse
de faits controuvés, exposés dans les Mémoires
de M. Bourrienne, dont j'aurais pu, seul, détruire une bonne partie par des rectifications
authentiques. Il m'eût été facile d'invoquer des
témoignages vivans, pour les opposer à ceux que
l'auteur allait chercher parmi les morts.

Je pouvais plus aisément encore pulvériser la
seule lettre qui me concernait, dans les dix vo-

lumes dont la collection se compose, et, pour cela, je n'avais besoin que de demander la publication de la réponse qui y fut faite.

Je crois parfaitement inutile de donner ici l'analyse de cette lettre; son objet est personnel à M. Bourrienne.

C'est une discussion toute à son avantage, placée sous la plume du ministre de la police générale, à l'effet de réfuter les accusations résultant du procès-verbal d'une enquête dirigée contre lui, par ordre souverain, et de taxer de partialité et même d'incapacité l'auteur de ce document. Je n'étais pas cet auteur; donc, à bien prendre, l'attaque ne pouvait s'adresser à moi.

Il était bien évident, d'ailleurs, qu'une pièce de cette importance, émanée d'un ministre à portefeuille, et adressée au prince gouverneur-général de la trente-deuxième division militaire, inculpant le premier des fonctionnaires sous ses ordres, celui dont la mission, dans les circonstances qui se préparaient, était la plus empreinte de la confiance du souverain, et l'accusant d'une incapacité et d'une partialité qui auraient étrangement contrasté avec la nature et la gravité de sa mission, il était bien évident, dis-je, qu'elle ne pouvait rester sans réponse, ou qu'elle devait entraîner la ruine de l'inculpé.

Il y fut répondu en effet, et d'une vigoureuse force. M. le prince d'Eckmulh, loin d'adopter la manière de voir du ministre sur le contenu de l'enquête, déclarait qu'elle avait été faite avec trop de mollesse et sous l'empire de puissantes influences.

Mais M. Bourrienne s'est bien gardé de faire connaître ce complément nécessaire de son factum. Il eût détruit, d'un seul coup, l'échafaudage du monument qu'il entreprenait d'élever à sa probité.

Il est bien de noter ici, que la lettre publiée par M. Bourrienne, uniquement dans son intérêt et dans celui d'un de ses agens, a été écrite par lui. On n'eût trouvé personne dans le ministère de la police générale qui eût possédé le degré d'adresse, d'audace et d'impudeur, nécessaires à la rédaction de cette apologie. Le ministre du département a bien pu avoir la condescendance de la signer, pour écarter le danger qui menaçait un ancien ami, mais certainement l'œuvre n'était pas de lui.

En échange, la réponse qui y fut faite était bien de M. le maréchal prince d'Eckmuhl. Je ne l'ai connue, ainsi que le texte qui y avait donné lieu, que dix-huit mois ou deux ans après leur date, à la reprise de Hambourg, par suite de l'armistice de Bautzen.

Je m'étais promis de ne point relever le fait de cette lettre, dont l'insertion dans des Mémoires portant le nom de Bourrienne, ne me semblait devoir inspirer aucun crédit. Il me répugnait d'ailleurs d'entretenir le public de choses passées, et sans intérêt aucun pour lui et d'accax

bler un *homme à terre*. Une circonstance récente
me force à sortir de cette réserve.

J'ai fait, en novembre passé, le voyage à Lyon,
qui a fourni le texte du chapitre V du présent Mémoire. J'étais arrivé le 12 dans cette
ville. Le surlendemain, je lus dans une feuille
qui s'imprime sur les lieux. « On s'entretient
« beaucoup de l'arrivée de M. d'Aubignosc, an-
« cien directeur général de police à Hambourg,
« et ex-lieutenant-général de police à Alger, per-
« sonnage *dont les Mémoires de M. Bourrienne*
« *ne disent pas de bien* ».

Ce sont là, à peu près, les termes de cette annonce, dont l'auteur et le but me sont connus.

Si cet article fut resté enseveli dans la feuille
à laquelle il avait été envoyé de Paris, à coup
sûr je n'y eusse fait aucune attention. On peut,
à la rigueur, ignorer à Lyon la valeur des assertions de M. Bourrienne.

Mais plusieurs journaux de la capitale l'ont
répété. Un seul (*le Temps*) l'a caractérisé, en le
faisant suivre de cette réflexion : *c'est peut-être*
*un éloge que les injures de M. Bourrienne.*

J'en remercie les écrivains du *Temps* que je
n'ai point l'avantage de connaître, et je vais,
puisque j'y suis forcé par le silence des autres
feuilles, exposer en peu de mots, l'origine et les
causes de la position hostile que M. Bourienne a
prise vis-à-vis de moi.

L'expulsion de M. Bourrienne du cabinet du

premier Consul et du conseil d'État, vers l'année 1802, avait eu du retentissement en France. Elle avait suivi de près la catastrophe de la maison des frères Coulon, et la disparition d'un de ses membres.

Il fallait qu'il fut bien coupable, se disait-on, celui qui ayant été condiciple de Bonaparte, son secrétaire et son confident intime pendant les mémorables campagnes d'Italie et d'Égypte, se trouvait frappé d'une disgrâce aussi éclatante.

Les bruits les plus fâcheux se répandirent et occupèrent le public pendant plus de temps qu'on n'en accorde ordinairement aux événemens les plus remarquables.

Ces bruits se réveillèrent quand , quelques années après, M. Bourrienne fut nommé ministre plénipotentiaire de France à Hambourg.

Dire si, dans cette nouvelle position, la conduite de ce particulier fut telle, qu'elle parvint à faire oublier ses antécédens, c'est ce que je n'entreprendrai pas. Je n'écris pas un acte d'accusation contre lui. Je ne fais qu'user, bien malgré moi, du droit de légitime défense, que je puise dans l'attaque de l'auteur des Mémoires et dans des articles de journaux, aussi injustes que légèrement admis me forcent de faire usage.

Quoiqu'il en soit, des clameurs de toute espèce s'étaient élevées contre lui, alors qu'il gérait les affaires de France dans les les villes anséatiques.

Des particuliers se plaignaient d'exactions et de spoliations exécutées à l'aide d'une haute position sociale; des gouvernemens voisins de Hambourg, de sacrifices exigés au moyen de menaces inquiétantes; la direction générale des douanes, de connivences ruineuses dans la violation du système continental.

La réunion des villes anséatiques à la France fit taire toutes ses clameurs, en en faisant cesser la cause, par le rappel de M. Bourienne. Peut-être tous ces griefs fussent-ils restés sans être recherchés, si une plainte formée par un comte d'Hammerstein de Ratzburg, à l'occasion de terres dont l'ex-ministre de France avait commencé à le dépouiller, n'eut été présentée, par ce particulier, à la commission de gouvernement chargée de l'organisation des pays réunis.

Cette commission était composée du maréchal prince d'Eckmuhl, président, de MM. les conseillers d'état comte de Chaban et Faure, et d'un auditeur au conseil d'état, secrétaire.

La plainte du comte d'Hammerstein, attaquant un fonctionnaire d'un rang élevé, parut à la commission assez grave pour être portée à la connaissance de l'Empereur, qui demanda un plus ample développement.

M. le conseiller d'état Faure, qui siége en ce moment à la Cour de cassation, en rédigea le rapport, lequel fut signé par tous les membres de la commission. On remarquait, soit dans ce rapport, soit dans la lettre d'envoi du président, cette conclusion : Le sieur Bourrienne est un grand misérable!

La réponse fut un ordre de l'Empereur d'informer et de faire arrêter quelques-uns des agens de M. Bourrienne.

Je fus d'abord chargé de ce soin. L'ordre qui me fut donné était accompagné d'une instruction du prince gouverneur général, calquée sur celle qu'il avait lui-même reçue. L'une et l'autre dénotaient l'intention du chef de l'État d'être instruit à fond.

Le sieur Bourrienne avait des amis, de chauds amis, j'allais dire des complices à Paris. Il avait eu l'imprudence et la fatuité de se vanter en différentes occasions *que plusieurs voitures ne roulaient sur le pavé de la capitale, que parce qu'il fournissait aux frais de leur entretien.*

L'ordre qui le concernait avait été connu à Paris au moment même où il était sorti du cabinet impérial.

Des lettres confidentielles me parvinrent presqu'aussitôt. Une entre autres, écrite par une personne dont l'influence de position était grande à mon égard, me témoignait des craintes sérieuses sur la tournure que pouvait prendre, sur l'issue que pouvait avoir l'affaire dont j'allais être chargé.

Vous ne savez pas, me disait-on, où vos coups peuvent porter; à quelle hauteur ils peuvent atteindre. Ne soyez pas trop explicite, ne satisfaites pas une vaine curiosité, car au fait il ne s'agit que de cela; l'Empereur lui-même reculerait s'il savait devoir acquérir la certitude de ce qu'il ne fait que soupçonner.

Mon embarras ne fut pas aussi grand qu'on le supposait.

Obligé de me consacrer entièrement aux soins multipliés d'un service actif, je m'étais affranchi, avec l'autorisation du prince gouverneur général, de l'enquête relative à M. Bourrienne, en en confiant la direction au commissaire central, M. Augier de la Saussaye, ex-membre de l'assemblée constituante et du conseil des Cinq-Cents, et je lui avais remis pour instruction, celle que j'avais moi-même reçue.

Il se renferma dans les limites qui lui étaient tracées, et je pus, de mon côté, écarter les plaintes qui m'arrivaient de toutes parts, comme étant ou prescrites, ou trop faiblement prouvées et dans tous les cas, étrangères au texte de l'enquête.

Le rapport, tel qu'il me fut remis et tel que je le présentai à mon tour, en l'approuvant toutefois dans tout son contenu, car j'avais été témoin de l'impartialité et de la modération qui avaient présidé à la réunion de ses élémens et à sa rédaction, atténuait la criminalité qui serait résultée d'un plus grand développement.

L'opération avait été longue. Mille soins avaient distrait l'empereur de l'intérêt qu'il avait pris d'a-

bord à cette affaire. Il lui en aurait coûté (on me
l'avait écrit) d'avoir à sévir trop rigoureusement
contre un condisciple qui avait couru avec lui
les premières chances de sa fortune. Ces considérations et les soins intéressés des amis de M. Bourrienne, détournèrent l'orage. La cause fut renvoyée à ses fins civiles.

Cette explication, je l'espère, paraîtra suffi-
sante, pour donner la clef de la téméraire divulga-
tion de la lettre que M. Bourrienne a insérée dans
ses mémoires. J'avais contribué par ma réserve
dans son affaire, à l'affranchir des suites terri-
bles qu'elle pouvait avoir; il aurait voulu que
je lui imprimasse le cachet d'innocence qu'il a
essayé de se donner par la publication de ses
Mémoires. Mes pouvoirs n'étaient point surna-
turels.

Comment n'a-t-il pas compris que la lettre
qu'il publiait, pour que son effet fût complet,
devait être suivie de la réponse de M. le prince
d'Eckmuhl que c'était une présomption assez
puissante en ma faveur, que mon maintien dans
l'emploi le plus délicat, jusqu'à la chute du gouvernement impérial, malgré les reproches conte-
nus dans ce document.

M. Bourrienne a su, comme tous mes administrés, qu'aux deux évacuations de Hambourg, en
1813 et 14, j'avais eu l'attention de détruire jusqu'au plus petit chiffon de ma direction. Je ne
voulais compromettre personne en cas de pillage

ou de surprise, ne laisser aucune trace de tout ce que la confiance publique, le hasard ou le courant du service, m'avaient fourni en documens concernant des particuliers.

Il s'est fondé sur cette impuissance de productions, pour me croire désarmé devant lui. Il ne peut cependant ignorer que s'il provoquait des révélations, mille témoins et du rang le plus élevé, car on compterait parmi eux des souverains, pourraient attester des faits bien coupables.

On a invoqué méchamment contre moi le témoignage de M. Bourrienne. On m'a forcé de rompre le silence que je gardais, depuis quatre ans que les Mémoires portant son nom ont paru. Je borne la l'explication à laquelle j'ai été contraint. Cette circonstance m'offre, du moins, cela d'avantageux, qu'elle prouve la futilité, la nullité même du seul fait que l'on ait pu articuler contre moi.

Je passe à des considérations plus graves.

En jetant un coup d'œil sur l'état actuel de la France, et plus particulièrement sur la situation de quelques uns de ses départemens, je ferai connaître par quels moyens on pourra remédier à ses maux et ramener l'ordre dans l'intérieur. Puissent l'intrigue, les injustes préventions et une fausse confiance ne point prévaloir, alors que des récits de pillage, d'incendie et d'assassinat remplissent journellement toutes les feuilles publiques, et signalent l'étendue du mal.

# LA HAUTE POLICE,

## OU

## POLICE D'ÉTAT

### SOUS LE RÉGIME CONSTITUTIONNEL.

## CHAPITRE PREMIER.

### INTRODUCTION.

Situation de la France. — Causes de perturbation. — Le
remède.

La France est sur le penchant de sa ruine ; l'existence de la maison royale sur le trône est menacée ;
l'indépendance nationale est compromise.

Qu'il y ait une rupture avec l'étranger, et la guerre civile éclate dans l'intérieur. Que les troubles qui agitent l'intérieur se régularisent et prennent le caractère d'une révolte armée, l'étranger intervient.

Depuis dix-huit mois le mécontentement ne se révèle que par des émeutes partielles. Il n'existe point encore de système de résistance organisé ; mais les élémens d'une perturbation générale se trouvent partout.

Une circonstance fatale autant que singulière, le mécontentement à un égal degré des partis qui divisent la France, fait que ces élémens d'origine et d'intérêts différens sont prêts à se réunir dans un but commun, le renversement de l'ordre existant.

Cet état de choses est manifeste pour tout le monde. On s'afflige de voir la désaffection envers le gouvernement s'étendre chaque jour davantage. On voit avec douleur qu'il ne compte plus de partisans que dans les individus qui trouvent leur intérêt privé dans son maintien; et encore, parmi les gens qui lui sont attachés par des emplois publics, en est-il un grand nombre qui jettent un regard inquiet sur l'avenir. Ceux-ci, redoutant une prochaine commotion, combinent leurs démarches, de manière à n'être pas trop compromis s'il advient un changement.

Il y a plus encore: parmi ces fonctionnaires, beaucoup appellent de leurs vœux et sont prêts à favoriser, de toute l'étendue de l'autorité qu'on leur a imprudemment laissée, les combinaisons qui peuvent amener un autre système.

J'ai reconnu cette déplorable situation d'un pays qui venait de reconquérir ses droits, au moment où j'ai mis le pied sur le sol français, en novembre 1830, à mon retour de l'expédition d'Alger.

A l'époque que je viens d'indiquer, on ne pouvait encore qu'entrevoir cette situation. J'ai pu la constater avec plus d'exactitude en juin, novembre et décembre 1831, lorsque des ordres du ministère m'ont conduit successivement dans le midi d'abord, et ensuite dans la Vendée et à Lyon.

A chacune de ces époques, j'ai cherché à éclairer le gouvernement sur les dangers qui le menaçaient, en premier lieu par un Mémoire adressé en janvier 1831 au ministère de l'intérieur. Une seconde fois, lorsque le bruit se répandit, dans le mois de mai de la même année, que le ministère du 13 mars quittait les affaires, par une lettre au roi, qui fut renvoyée à l'intérieur; enfin par deux tableaux concernant la Vendée, Lyon et le midi, et placés sous les yeux de M. le président du conseil, en novembre et décembre 1831, à mon retour des courses que j'avais faites dans ces contrées.

Tous ces documens ont eu le même sort. Ils n'ont point été lus par les autorités auxquelles il importait tant de les connaître et de s'en pénétrer. Ils sont tombés dans des mains intéressées, par une basse jalousie, une ignorance évidente, et peut-être par des vues secrètes, à empêcher qu'on n'y puisât des renseignemens utiles et qu'on pût apprécier les intentions de leur auteur.

Je me décide, dans un intérêt commun au gouvernement et à moi, à livrer au public le résultat de mes observations et les propositions dont je les ai fait suivre. On y trouvera les élémens du rétablissement de l'ordre, sur les points les plus susceptibles de troubles; et j'aurai, par cette publication, l'avantage de détruire d'odieuses imputations, de la nature de

celles que la malignité saisit avec délices, sans chercher à en constater la réalité, et contre lesquelles le
public éclairé ne se met point assez en garde.

Dans chacun de mes envois au ministère, après
avoir exposé la situation des esprits et des partis, j'ai
toujours eu soin d'indiquer les moyens de répression
ou de conciliation qu'il était nécessaire d'employer.

Observez qu'instruit de la répugnance du ministère
à entrer dans des voies d'exception, quoiqu'il y fût
invité par des députations entières, et qu'il fût certain
d'obtenir des chambres les mesures extraordinaires
dont il démontrerait l'urgence, je n'ai rien proposé
que de légal.

Le champ de la légalité était borné, comparative-
ment à l'imminence de la crise. Je ne doute cependant
pas que les mesures que j'indiquais n'eussent-eu pour
résultat, dans la Vendée surtout, de pacifier la contrée
et de ruiner les projets des partis.

Le public sera juge de cette assertion.

Il est évident qu'il y a des dispositions, autres que
celles que j'indiquais, qui contribueraient puissam-
ment au grand but de la pacification de l'intérieur.
Pour les concevoir, les proposer et les faire exécuter,
il faut avoir part à la direction des affaires. C'est dans
cette position seulement que l'on peut juger de l'op-
portunité, de la nécessité des mesures.

Quand on n'est que consulté, sans avoir d'action
directe, on ne peut offrir que des vues générales; on
ne peut procéder que par analogie et en consultant
les souvenirs du passé. Si au contraire la tâche est

devenue la vôtre propre, alors on opère sur la connaissance des lieux, des faits et des personnes; et des
idées d'une utile application surgissent des circonstances où l'on se trouve placé.

Je n'ai passé que trois mois à Alger, qu'un mois
dans la Vendée, que quinze jours à Lyon. Ce temps
m'a suffi pour apprécier l'état réel de chacun de ces
pays, et pouvoir indiquer ce qui convenait à la situation de chacun d'eux.

Combien le champ des investigations ne se fût-il
pas agrandi pour moi, si j'avais eu la mission expresse de faire l'application de ce que j'indiquais!

Alger dépérit de jour en jour. Les soins dont cette
colonie est l'objet, les sacrifices qu'on fait au désir de
la voir sur un pied florissant, ne signalent encore
qu'une désespérante impuissance. On confie des intérêts de premier ordre à des hommes dont je n'attaque pas la capacité, mais dont j'affirme l'ignorance
dans la matière.

La Vendée est le pivot sur lequel se fondent également les espérances des ennemis du dedans et celles
des ennemis du dehors. Les uns et les autres voient
dans cette contrée, d'un renom célèbre dans le passé,
et qui de nos jours et en pleine paix résiste au plus
grand développement de forces, un point d'appui
assuré dès que les circonstances permettront l'exécution de leurs plans.

Lyon est tranquille en ce moment, et l'ordre est
successivement ramené dans les localités où l'émeute
se manifeste. Mais qui oserait prétendre que cet ordre

sera de longue durée? Qui pourrait pousser l'illusion jusqu'à considérer des répressions dues à l'emploi de la force, comme la fin des efforts des partis?

On est dans une fausse voie à Lyon comme dans la Vendée. On fait résider l'action du gouvernement dans l'intervention brutale de la force armée, et l'on se prive de la portion de cette force qu'il fallait employer de préférence vis-à-vis des citoyens, je veux dire la force morale.

La troupe de ligne doit avoir pour destination la garde des frontières et le maintien de la dignité du royaume au-delà de ses barrières. Dans l'intérieur, elle ne peut servir qu'à prêter assistance à la loi, quand tous les moyens civils et le concours de la garde nationale sont devenus insuffisans.

C'est à cette garde citoyenne qu'appartient la conservation de l'ordre intérieur, et la tâche de faire respecter les lois et la majesté du trône.

Ce système légal est interverti. On néglige et on licencie les gardes nationales, et l'on travestit le soldat de ligne en garnisaire et en gendarme.

Que peut-on attendre de cette impolitique interversion?

La garde nationale, qui devait être la meilleure garantie de l'obéissance due au gouvernement, repoussée, mécontentée, avilie par les mesures dirigées contre elle, peut, en rentrant dans la masse du peuple, épouser ses griefs et soutenir ses résistances.

N'est-il point à craindre que l'armée ne se prête que difficilement et partiellement aux rigueurs qu'on voudrait exiger d'elle? Le soldat ne perd plus de vue son origine populaire, parce que son service n'a qu'un temps, et qu'à son expiration il reprend, en rentrant dans ses foyers les allures et les intérêts de ses premiers ans.

Ces réflexions sont dans la bouche de tous les hommes réfléchis et amis de l'ordre. Je ne suis que leur écho.

Mais supposons que ce sentiment parmi les troupes ne prévale pas, et qu'une aveugle obéissance produise les téméraires résultats qu'on lui aura demandés, quel spectacle offrirait la France à l'Europe attentive? Ne serait-ce pas le tableau d'une population entière, luttant avec l'armée qu'elle paie, ou écrasée sous la force des baïonnettes?

De bonne foi, est-ce là l'avenir qu'on ménage à la France? serait-ce pour arriver à ce but que l'on aurait préféré la maison d'Orléans à la branche aînée des Bourbons? le gouvernement actuel est-il assez fort, pour se mettre en opposition avec la nation, pour pouvoir tenter de lui enlever tout à la fois sa tranquillité, son industrie, son commerce et ses droits?

Ce serait bien mal connaître la France que de concevoir de pareilles pensées. Mais non, le ministère ne veut pas le malheur du pays dont il a les destinées dans les mains.

Il marche au bien, avec toute la sincérité, toute la bonne foi que l'on peut désirer.

Mais alors pourquoi un malaise si général accable-t-il

la société? pourquoi aperçoit-on partout l'ordre public troublé et des mesures rigoureuses employées contre les citoyens? pourquoi l'armée voit-elle sa destination changée, et tant d'argent qui pourrait être si utilement employé, se convertir inutilement en frais de police?

Ne serait-ce point parce que l'autorité, par un sentiment de déférence bien légitime envers l'opinion publique, s'est privée d'un moyen d'action indispensable dans les momens de crise, d'un ressort qui doit être essentiellement inoffensif à l'égard des citoyens, en restant toujours tendu vis-à-vis des perturbateurs de l'intérieur et des promoteurs de troubles employés par l'étranger? Le mot est difficile à prononcer, parce qu'il est de nature à soulever de justes préventions; mais comme l'explication doit justifier la pensée, j'aborde la question, sans plus d'hésitation.

*Il n'y a point en France de police d'État, dans le sens vrai et étendu que comporte ce mot.*

On va se récrier contre cette assertion : comment, dira-t-on, pas de police en France! mais on ne voit que cela. N'a-t-on pas à Paris la police du ministère, celle de la préfecture, celle du château, celle de l'état-major général et de la gendarmerie, sans compter la police nombreuse des *amateurs?* et dans les départemens, les préfets, les commandans militaires et de la gendarmerie, les gens du Roi n'ont-ils pas leur police?

C'est précisément de cette multiplicité d'institutions, ayant ou prenant ce titre, légalement créées ou arbitrairement établies, que je conclus qu'il n'y a point d'institution centrale régulièrement organisée et embrassant dans son ensemble la surveillance générale du royaume; ou, si elle existe, il faudra bien convenir qu'elle ne remplit nullement sa destination.

Je ne vois en France que des polices bâtardes, calques grossières de celles de l'Empire, qui, lui-même dans l'intérieur et depuis la retraite du duc d'Otrante, n'avait de haute police que dans le ferme vouloir et l'activité d'esprit du maître.

Le fait est si exact que lorsque l'Empereur s'éloignait et que son absence se prolongeait, les ressorts, trop vigoureusement tendus par sa présence, se relâchaient dès qu'il avait passé la frontière. La facilité avec laquelle un détenu, seul, sans appui et sans argent (Mallet), se rendit maître un moment du pouvoir, justifie cette assertion.

Il serait fou de chercher à reproduire l'Empereur. Sa haute police n'irait plus avec les droits assurés par la Charte, et à côté de l'éducation constitutionnelle des générations actuelles.

Mais s'ensuit-il qu'il faille s'en tenir à ce qu'on voit en ce moment? Doit-on se résigner à laisser peser sur la France ce qu'on prend aujourd'hui pour de la police, et dont chaque acte tend à soulever les esprits, en même tems qu'à introduire la corruption dans les rapports sociaux?

Non, ce système absurde doit être rejeté bien loin. Il faut en revenir à des idées plus saines. Le salut de l'État, la dignité du trône, l'intérêt de la société commandent impérieusement ce retour.

Pour exercer la police d'un grand État, telle que je la conçois, deux conditions sont indispensables. Il faut avoir l'habitude de voir les affaires d'une certaine hauteur, et de les juger dans leur ensemble.

Les détails tuent, parce qu'ils conduisent aux mesures partielles, et que ce qui convient à une localité peut être funeste dans une autre. Les dispositions générales qui partent de l'autorité centrale doivent être combinées de manière à convenir partout et à ne blesser nulle part.

Pour rendre la police supportable et en écarter l'odieux, accru à un aussi haut point par la faute des hommes qui l'ont exercée, il faut avoir vécu dans la haute société, parce que c'est là seulement que l'on peut puiser la doctrine des convenances. Il faut être franc dans son langage et dans ses procédés, pour mériter la confiance et détruire jusqu'au soupçon de duplicité. Il faut surtout imprimer l'opinion que l'on ne cherche pas de coupables, et que l'on est toujours prêt à excuser l'acte par l'intention.

Il y a loin de ces conditions à celles qui paraissent avoir prévalu depuis la révolution de juillet.

Les nouveaux ministres, ignorant ce que doit être la haute police, et personne autour d'eux ne pouvant les éclairer sur une matière aussi peu connue, ils ont pensé que, d'avoir passé par les plus bas emplois de ce service, c'était un titre pour parvenir aux plus hauts.

Cela est peut-être vrai dans l'état militaire. Plus d'un des héros qui ont illustré nos armes a commencé par être simple soldat. Mais, dans cette carrière, l'honneur se trouve à tous les étages. Le maréchal de France n'a, sur le grenadier, que l'avantage de pouvoir manifester avec plus d'éclat celui qui est son propre apanage.

En fait de police, la considération ne s'ouvre qu'au grade de commissaire. Elle est due aux services incontestables que rendent ces officiers, et s'étend, en s'élevant, aux grades supérieurs, en raison du plus grand développement de leur utilité.

Au-dessous des commissaires de police, le contact obligé avec le rebut de la société est une déplorable nécessité qui peut bien n'avoir aucune influence sur un cœur honnête et généreux, mais qui laisse toujours soupçonner un affaiblissement dans les principes les plus vertueux, par la contagion possible de cette honteuse fréquentation.

On y puise forcément l'usage de ce que l'on appelle *argot ;* on est conduit, par le tableau de la dépravation et des crimes qu'elle produit, que l'on a sans cesse sous les yeux, à se montrer moins difficile dans l'appréciation des faits, de manière à regarder comme quasi-honnête tout homme qui n'a pas précisément mérité de figurer sur les bancs de la police correctionnelle.

Quand on a eu le malheur de se trouver dans cette catégorie, on ne peut pas prétendre à s'élever jamais à la hauteur des positions que la fortune ou le hasard peuvent vous ouvrir : ces positions, au contraire, feront courir le risque de descendre au niveau du point de départ.

( 12 )

Il y a une différence immense entre la police de l'intérieur des villes et celle qui embrasse l'universalité du royaume et doit pousser ses ramifications dans les pays voisins, où des complots et des machinations peuvent s'ourdir pour troubler l'intérieur du pays ou nuire à ses intérêts.

La première se compose de faits minutieux; la seconde se résout en mesures larges et gouvernementales.

La première a des relations continuelles avec les individus; elle touche à tous les intérêts particls, elle est en rapport avec tous les besoins de la communauté.

L'autre n'embrasse que les grandes masses et ne cesse jamais de veiller à leur conservation.

De ce que l'on peut être propre à la police communale, il ne s'ensuit pas que l'on doive convenir à la haute police.

C'est de cette dernière, dont je nie l'existence en France, que j'ai à m'occuper dans ce Mémoire.

J'entends arriver à plusieurs démonstrations essentielles :

1° Que la haute police peut, sans être oppressive, doubler les forces et l'action du gouvernement.

2° Que c'est à son absence que doivent être attribués le malaise et l'agitation de l'intérieur.

3° Qu'elle peut être faite avec bien moins de frais qu'on ne le croit, et sans l'emploi d'une armée d'agens, dont les services, rarement utiles, sont très souvent funestes.

Pour fournir la démonstration de ces divers points, et faire comprendre les modifications que doit subir la haute police, suivant les temps, l'esprit et la forme des gouvernemens, je donnerai, dans le III° chapitre, les moyens que j'ai mis en usage sous le régime impérial dans l'importante direction de Hambourg; dans le VI°, le plan que je soumis au général en chef, avant la prise d'Alger, alors que les peuples qui habitaient ce pays étaient totalement inconnus; et dans les chapitres IV et V, les propositions que j'ai cru devoir présenter au ministère, relativement aux départemens agités dans l'ouest et dans le midi de la France.

Par la sincérité de mes communications et par le soin que j'aurai d'invoquer des témoignages de personnes vivantes à l'appui de mes assertions, on pourra juger si j'ai mérité les calomnies dont on m'a assailli, et s'il m'était possible de servir plus loyalement et avec plus d'utilité ma patrie dans tout le cours de ma carrière.

Mais avant d'aborder ces détails, et pour inspirer la confiance que je sollicite, je dois me montrer à découvert. Je me décide, dans ce but, à donner dans le chapitre suivant un tableau de ma conduite privée. Elle se trouve liée à des faits historiques, propres à rehausser l'aridité trop privée du sujet.

# CHAPITRE II.

**Aperçu sincère de ma carrière administrative, entremêlé de faits historiques.**

Ma carrière administrative commence à l'entrée des Français à Berlin.

Nommé secrétaire général de l'administration impériale sous l'intègre Estéve, trésorier général de la couronne, et alors administrateur général des pays conquis, je fus d'abord chargé d'un travail spécial sur les finances de la Prusse.

L'image du grand Frédéric planait encore sur ce pays quand l'armée française l'occupa. L'admiration que son souvenir excitait chez un peuple que son génie avait élevé si haut, et qu'une seule campagne avait fait descendre si bas, semblait croître encore après vingt-deux ans écoulés depuis sa mort. Les vainqueurs partageaient cette admiration; Napoléon ne put s'en défendre : assez de faits témoignèrent du sentiment élevé que lui inspirait la mémoire de ce héros.

Ce qui frappait surtout l'Empereur et les notabilités de l'armée, c'était l'ordre admirable qui avait permis à ce souverain d'un pays pauvre, et dont la population était si peu en harmonie avec son étendue, de former et d'entretenir un état militaire égal à celui des plus grandes puissances, et d'être parvenu, sans négliger aucune des fondations qui pouvaient améliorer l'état de ses peuples, à créer et à laisser à sa mort un trésor considérable, et le seul qui existât en Europe à cette époque.

L'Empereur voulut connaître le mécanisme du système qui avait produit tant de prodiges au milieu d'une telle pénurie de ressources. Le soin de le lui exposer me fut confié; et, en peu de temps, à force de recherches et de travail, je parvins à en présenter un tableau exact et raisonné.

J'obtins plus tard l'administration des domaines et des forêts de la Prusse, et je fus chargé de l'exécution de quelques dispositions du traité de Tilsit, sous l'influence de M. le comte Daru, plénipotentiaire de France, et de M. le baron Bignon, commissaire impérial et administrateur général de la Prusse.

Nommer des hommes de ce talent et de cette probité politique, c'est imprimer à tout travail qui a dû recevoir leur sanction un caractère de vérité qui dispense de tout autre éloge.

L'étude à laquelle j'avais dû me livrer me fournit le moyen de faire une utile application des lois et des règlemens de la monarchie prussienne lorsqu'il entra dans ma tâche de disposer les matériaux des réponses aux notes des plénipotentiaires de Prusse, pendant les discussions relatives à l'interprétation et à l'exécution des articles du traité de Tilsit. Ces matériaux, ainsi préparés, étaient ensuite traités par M. le baron Bignon, avec cette supériorité de diction et de raison diplomatique qu'il reproduit chaque année à l'occasion du budget des affaires étrangères.

M. le comte Daru usait de ces documens lorsqu'il discutait avec les plénipotentiaires étrangers, et obtenait ainsi, par la force des argumens, des succès que l'on a trop souvent attribués à l'influence matérielle de la prépondérance de la France.

Il a dit un jour de moi que j'avais étudié l'anatomie des finances de la Prusse. Cet éloge m'a payé de toutes mes veilles.

Quand on évacua la Prusse, je fus envoyé dans le Hanovre pour y compléter l'organisation des domaines réservés et pour les administrer sous le titre qu'ils reçurent plus tard, de domaine extraordinaire de la couronne.

Je fus très heureux dans ce pays quant aux résultats de mon administration. Mes succès tinrent du prodige, si j'ose le dire, alors que dans toutes les autres directions générales ou particulières de ce même domaine, en Allemagne, en Pologne, en Poméranie, les droits des donataires étaient constamment en souffrance.

Je ne prétends point m'en faire un mérite aux dépens de mes collègues; ils avaient tous à lutter contre les souverains et les administrations locales du pays où ils opéraient. Je ne rencontrais pas les mêmes obstacles dans le Hanovre, qui appartenait à la France et subissait toutes les conséquences de la conquête.

Mais il m'est bien permis de faire remarquer que, dans une administration qui embrasse trois années, tous les donataires de la première création reçurent non-seulement la totalité du produit de leurs dotations sur le pied de la fondation, mais qu'en outre ils obtinrent tous des améliorations sensibles dans leurs revenus. MM. les ministres actuels des affaires étrangères et de la guerre, et M. le maréchal comte de Lobau appartenaient à cette classe.

J'en appelle ici avec confiance au témoignage de MM. les maréchaux, ministres à portefeuille et ministres d'État, et généraux commandant les divisions de la grande armée, qui figurèrent dans la première série des donataires. Beaucoup d'entre eux vivent encore; qu'ils me démentent si j'avance un seul fait qui ne soit pas de la dernière exactitude; qu'ils disent si leurs revenus n'étaient pas en entier en leur pouvoir quand, vers la fin de 1810, je quittai la direction générale du domaine extraordinaire, pour passer à Hambourg à des fonctions d'une toute autre importance.

J'avais également, à la même époque, des relations avec les principaux notaires de Paris, pour les intérêts de ces mêmes donataires; j'invoque aussi leur souvenir.

Pendant que je dirigeais dans le Hanovre les domaines dits *réservés*, je fus appelé à Paris par M. le comte Defermon, qui venait d'être nommé intendant général du domaine extraordinaire, institution encore en projet. Il s'agissait de la créer, de l'organiser, et de la faire entrer dans la grande institution domaniale qui a existé sous les subdivisions de domaine de la couronne, de domaine extraordinaire et de domaine privé.

Je n'avais point l'honneur d'être connu de M. le
comte Defermon, mais il avait une dotation dans
mon arrondissement. L'état de prospérité auquel elle
était parvenue et la satisfaction que témoignaient les
donataires dont j'administrais les concessions, lui
firent penser que je pourrais fournir des renseignemens précieux sur une partie à laquelle il était encore
entièrement étranger.

M. le comte Defermon est décédé; je ne puis pas
faire appel à la sanction qu'il a toujours donnée à mes
travaux. Mais les principaux employés de son intendance, entre autres MM. Lepaute et Rousselle, le
premier intendant du canal du Midi, le second des ca-
naux du centre, et M. Husson, ex-chef des archives
de la couronne, se trouvent à Paris : ils ne me dé-
mentiront point.

C'est pendant que le travail sur les trois divisions
du domaine impérial s'élaborait, que je contribuai à
faire fixer la dotation des maisons d'Écouen et de
Saint-Denis; et quand je fus de retour à Hanovre, je
sus maintenir cette possession contre les atteintes du
gouvernement westphalien, dans une lutte dont l'empereur désirait le succès, sans vouloir se prononcer,
parce que le droit n'était pas tout-à-fait de son côté.

Cette affaire est peut-être la plus délicate que j'aie
eue à traiter dans tout le cours de ma carrière. M. le
baron de Reinhart, alors envoyé extraordinaire de
France à Cassel, qui m'honorait de son amitié, trem-
blait pour moi de la hardiesse de mes démarches; il
me faisait la grâce de me faire apercevoir souvent,

dans ses lettres, les dangers de cette lutte contre un roi, contre un frère de l'Empereur, qui avait le bon droit de son côté. Je ne pouvais me le dissimuler ; mais j'étais en même temps conservateur du domaine extraordinaire. MM. de l'administration du domaine et de l'enregistrement savent quelle est la ténacité qui leur est prescrite en matières domaniales ; j'en sortis à mon honneur, et je fus approuvé.

Les administrateurs que j'ai déjà cités peuvent dire si je suis vrai dans ce que je viens de raconter au sujet de cette dotation de la Légion-d'Honneur, qui se composait de la principauté de Coppenbrugge, fief de la maison d'Orange, enclavé dans le Hanovre.

Les pièces de cette affaires existent, en grande partie, aux archives de la Légion-d'Honneur. M. le vicomte de Saint-Marc, secrétaire général de la grande chancellerie, en a connu les détails et les résultats ; je n'en appellerais pas en vain à son témoignage.

J'avais établi dans mon arrondissement, pour les dotations vacantes par le décès des titulaires qui ne laissaient point d'héritiers, un régime fixe qui n'existait encore nulle part. Il fut adopté pour tout l'empire par le conseil du sceau des titres, dont M. le baron Pasquier, président actuel de la chambre des pairs, fut le premier procureur général, M. Dudon le secrétaire général, et M. Robin, notaire de Paris, le trésorier.

Ce sont encore là des témoignages que je puis invoquer. M. le baron Pasquier surtout m'a donné de hautes preuves de satisfaction sur la régularité des

versemens des revenus vacans et sur l'ordre qui ré-
gnait dans l'investiture des nouveaux possesseurs.

Pendant que je gérais le domaine extraordinaire
dans le Hanovre, mes attributions furent étendues
sur ce même domaine dans le grand duché de Berg,
et je fus, vers la même époque, nommé intendant du
duché de Lawembourg, pays que l'Empereur se ré-
serva lorsqu'il céda le reste du Hanovre au royaume
de Westphalie.

A cette époque, le revenu dont on m'avait donné
l'administration au moment de l'évacuation de Berlin, et qui avait été évalué à deux millions sept à huit
cent mille francs de rente, s'était élevé à près de dix
millions , par les réunions que j'y avais successivement faites, à mesure que je découvrais les droits des
électeurs d'Hanovre en leur qualité de possesseurs
des grands fiefs et des droits réguliers.

Mes recherches ne s'étaient pas bornées à ces découvertes ; j'étais entré plus avant dans l'étude du
pays, et j'avais acquis des notions qui plus tard me
furent d'un grand secours dans des circonstances très
embarrassantes, si l'on considère qu'il ne fallait jamais reculer, ni même paraître hésiter devant les
prescriptions du chef de l'État.

A peine avais-je pris possession de l'intendance du
duché de Lawembourg, que je reçus à Hanovre, où
j'étais revenu, l'ordre de doubler les impositions de
ce pays.

Le motif de cet ordre rigoureux et inattendu était
puisé dans une note qu'on avait placée sous les yeux

de l'Empereur, à l'insu de M. le comte Defermon, et dans la charitable intention de me créer un obstacle ou de m'aliéner l'esprit de mes administrés. On établissait dans cet écrit, par un calcul qu'on n'avait pas pris la peine de vérifier, que, comparés aux habitans d'Erfurth, régis pour le compte de l'empire, ceux du Lawembourg payaient sept francs cinquante centimes de moins par tête.

Il m'était prescrit d'élever, sans observation et sans délai, les impôts du duché dans cette proportion.

Je courus à Lawembourg, où, comme je devais m'y attendre, je n'entendis que des lamentations à la déclaration de cette exigence. J'éprouvai la plus vive résistance de la part de la commission du gouvernement.

Elle céda cependant, et par diverses combinaisons nous arrivâmes à atteindre une portion de l'augmentation demandée. Ce n'était point assez : il fallait une exécution entière ; et je devais renvoyer, par le courrier qui attendait ma réponse, l'assurance que les ordres étaient remplis.

Tout effort nouveau de ma part étant inutile auprès d'hommes éclairés et consciencieux qui venaient de faire preuve de la meilleure volonté, je me décidai à trancher la question, en faisant porter l'excédant de cette contribution sur vingt-six terres nobles que j'avais reconnues, par mes investigations sur les ressources locales, être, d'après les anciens us et coutumes, moins chargées que toutes les autres propriétés.

J'étais sorti satisfait et chagrin tout à la fois de ce combat entre mon devoir et ma conviction, lorsque les circonstances amenèrent à Hambourg, avec l'armée d'Allemagne, M. le comte Compans, chef de l'état-major général, et qui avait le commandement de cette armée en l'absence de M. le prince d'Eckmuhl.

Plaider vis-à-vis de cet officier général la cause de la justice et de l'humanité, c'était lui fournir l'occasion de faire éclater son bon esprit et son équité naturelle.

J'eus l'honneur de lui exposer la situation pénible où l'ordre rigoureux que je venais de remplir réduisait mes administrés. Le Lawembourg appartenait à la France. L'Empereur, qui n'avait point encore adopté son dernier système de réunion, annonçait l'intention de garder ce petit pays, qui confinait à la Baltique, possédait le canal de la Sticknitz, qui unit cette mer à l'Elbe, et avait pour enclaves les deux importantes villes anséatiques de Lubeck et de Hambourg.

Ce duché devait donc être ménagé, d'abord comme partie du grand empire, et en second lieu comme pouvant être appelé à fournir des ressources à l'armée et à l'approvisionnement de la citadelle de Ratzebourg, qui lui appartient; enfin, parce qu'on venait d'en exiger à brûle-pourpoint un surcroît de charges.

M. le comte Compans, touché de ces raisons, adopta un parti qui valut au Lawembourg le dédommagement de ses derniers sacrifices. Ce pays fut épargné dans la répartition des logemens militaires.

On sait que le soldat, hors de France, vivait aux frais de l'habitant, et que la présence de détachemens de troupes entraînait toujours d'autres dépenses dans les communes qui les recevaient.

L'exemption dura jusqu'au moment où l'arrivée de nouveaux corps exigea l'occupation de toutes les localités amies, neutres ou conquises. Elle fut de quelques semaines, et suffit pour couvrir ce que le duché avait extraordinairement payé.

Je reçus à cette époque une marque de confiance, de celles dont l'Empereur n'était pas prodigue.

En prenant possession de l'intendance du Lawembourg, j'avais adressé à M. le comte Defermon, intendant général du domaine extraordinaire, un travail sur l'importance que ce petit pays pouvait acquérir.

Il faut savoir d'abord que la dislocation de l'empire germanique, pour faire place à la confédération rhénane, avait dissous ou rendu nécessaire la réforme de plusieurs anciennes institutions communes à plusieurs États indépendans, lesquelles dataient de la création de cet empire.

Ainsi il y avait à Wetzlar un tribunal suprême, devant lequel se portaient, en dernier ressort, tous les litiges d'une infinité de petits États.

Les postes et les messageries formaient un monopole dans les mains de la maison princière de La Tour et Taxis, qui desservait presque toute l'Allemagne.

Chaque petit gouvernement avait sa loterie, etc.

Je proposais de fonder dans Lawembourg des institutions semblables, qui auraient remplacé, pour le nord de l'Allemagne, celles que le nouvel ordre de choses avait fait ou devait faire disparaître.

Ainsi il y aurait eu dans cette ville, sous l'influence de la France, une cour impériale, à laquelle seraient ressortis le Holstein, les villes anséatiques, les deux Mecklembourg, la Westphalie, l'Oldenbourg, etc., etc., qui, depuis la suppression de la haute cour, étaient obligés de porter leurs appels dans les universités de Iéna, Gottingue, Halle, etc., etc.

Il y aurait eu à Lawembourg un service central des postes et messageries, une loterie impériale, etc.

Ce système fut goûté; mais comme le plus pressé était de rompre les liaisons de l'Angleterre avec le continent, ou au moins de les surveiller strictement, l'Empereur s'attacha d'abord à ce qui concernait l'entreprise La Tour et Taxis.

Une lettre adressée à M. le prince d'Eckmuhl portait : Mon cousin, *dites au sieur d'Aubignosc qu'il peut faire exercer les postes et les messageries du nord de l'Allemagne dans l'intérêt de mon service.*

M. le comte Compans, chef de l'état-major général, me remit à Hanovre cet ordre et l'injonction de ne pas perdre un moment pour son exécution. Je m'en occupais quand la réunion à l'empire, du littoral de l'armée du nord, des villes anséatiques et du Lawembourg, fut arrêté.

L'héritier de M. le prince d'Eckmuhl a dans ses mains l'original de l'ordre impérial, qui doit, d'ailleurs, être connu de MM. les secrétaires du cabinet impérial.

Le second cas, où l'étude que j'avais faite des pays que j'avais administrés me fut d'une grande utilité, concerne un fait qui était étranger à mes fonctions, et dans lequel je n'intervins que par désignation expresse du chef de l'État.

J'avais quitté le Hanovre (1811), et je résidais à Hambourg, avec la double mission de membre rapporteur du conseil spécial chargé de l'exécution des décrets de Berlin et de Milan contre le commerce britannique, et de directeur général de la police chargée de la surveillance du nord de l'Europe. M. le maréchal prince d'Eckmuhl avait pris le gouvernement de la trente-deuxième division militaire, dont Hambourg était le chef-lieu.

Une disette sérieuse se manifesta en France; des troubles éclatèrent sur divers points de l'intérieur. Dans le Calvados, on n'en obtint la répression qu'au moyen de mesures rigoureuses. Mais le rétablissement de l'ordre ne pouvait être complet qu'en faisant disparaître les causes qui l'avaient troublé.

L'Empereur assembla un conseil extraordinaire de subsistance. On y décida, sous sa présidence, qu'on ferait sans retard verser des grains sur les lieux où la disette se faisait sentir, par les cantons qui en étaient les plus rapprochés; que dans le même moment ces cantons en recevraient en échange des lieux limitrophes, et que ces versemens auraient lieu de proche en proche jusqu'à la frontière nord, où de nombreux approvisionnemens seraient envoyés de Hambourg et de Lubeck par la navigation intérieure.

Les Anglais interceptaient la voie de mer.

Cette mesure arrêtée , il s'agissait d'empêcher qu'elle ne transpirât, si l'on voulait prévenir le renchérissement des céréales qui résulterait de sa révélation.

M. le conseiller d'État Maret, directeur général des subsistances, était en possession des mercuriales des marchés du Nord. Il garantissait que, si le secret était bien gardé, l'opération ne serait point onéreuse au trésor. Pour obtenir ce mystère, il fut convenu que l'agent désigné pour aller faire les achats à Hambourg partirait pour cette destination, du lieu même où se tenait le conseil, sans qu'on lui permît de communiquer avec qui que ce soit.

Le choix tomba sur un M. Ouin, agent jouissant de la confiance du ministère de la guerre, et employé fréquemment dans des missions délicates, d'ailleurs homme très digne et très capable.

M. Ouin partit sans perdre une minute. Mais le but de son voyage était connu avant son arrivée à Hambourg. On n'a jamais su par qui ni comment le secret de sa mission avait été éventé. — Le cours des céréales s'éleva tout à coup dans cette ville et à Lubeck, de 40 à 50 p. 100 au-dessus du cours sur lequel les calculs du conseil de subsistance avaient été établis.

M. le prince d'Eckmuhl s'empressa de rendre

compte de ce contre-temps, et reçut en réponse l'ordre de s'adresser à moi, comme devant connaître les
ressources des localités.

Je me rappelai fort à propos que j'avais trouvé
et laissé subsister un usage sagement établi par l'administration paternelle du Hanovre, suivant lequel
une portion des récoltes annuelles des domaines
privés du souverain etait mise en réserve d'une année
à l'autre pour pourvoir aux cas imprévus, et maintenir, dans toutes les circonstances, l'abondance et le
bas prix des grains parmi les nombreux colons qui
habitent et font valoir les terres de l'apanage.

J'envoyai chercher le bailli Meyer, ex-membre de
la commission du gouvernement que j'avais créée dans
le duché de Lawembourg, alors que ce pays séparé
brusquement du reste de l'électorat d'Hanovre, il
fallut pourvoir d'urgence à lui donner une administration. M. Meyer était renommé pour son intelligence
autant que pour sa probité. Il résidait à cinq lieues de
Hambourg. Je le mis en rapport avec M. Ouin ; il en
reçut des instructions et partit sur-le-champ pour aller
les remplir.

Par ses soins, tous les grains de réserve furent
embarqués à petit bruit et dirigés vers la Hollande.
Tous les cours d'eau en étaient déjà couverts, quand
l'agent du gouvernement M. Ouin, qui avait continué à recevoir des offres et à discuter des prix, dé-
clara aux spéculateurs que son affaire était faite, et
qu'il retournait à Paris ; grand fut leur désappointe-
ment.

J'ai dit que j'avais quitté le Hanovre quand cet épisode des grains eut lieu. Qu'on me permette, avant d'en finir avec ce pays, de citer un fait qui m'a vivement touché.

J'avais eu le bonheur, à cette époque de ma carrière, tout en faisant rigoureusement mon devoir, de me concilier tous les esprits; la chose, sans être très facile, s'explique tout naturellement.

Ma mission était purement administrative; je disposais de domaines régis jusqu'alors dans un système très généreux, au nom de princes placés à la tête d'une puissante nation voisine, et qui, regardant leur pays héréditaire comme le bercail dans lequel un événement politique pouvait les forcer de rentrer un jour, ne s'occupaient que de ce qui pouvait le rendre heureux et florissant.

Cette prévision se fût vérifiée, si une mort prématurée n'eût enlevé la princesse Charlotte, fille de Georges IV, sans qu'elle laissât après elle un héritier succédant à ses droits à la couronne britannique.

Les électeurs qui avaient régné en Hanovre sous les noms de Georges I<sup>er</sup>, II, III et IV, jouissant en Angleterre d'une énorme liste civile, abandonnaient la totalité de leurs revenus électoraux à l'amélioration de leurs États du continent.

Deux de ces princes, Georges II surtout, les visitaient souvent; non-seulement ils y laissaient en entier les produits de leurs domaines, mais ils y dépensaient même une partie du subside que l'Angleterre affectait à l'entretien de leur cour.

On a vu, ce qui est à peine croyable, sous le règne de Georges III, le conseil des ministres hanovriens se trouver embarrassé pour dépenser la totalité du revenu domanial. Les ordres de l'électeur étaient impératifs : dépensez, écrivait-il, ne consultez que la plus grande utilité; et cela parce qu'un chicaneur parlementaire avait prétendu, à la tribune des Communes, qu'on devait exiger que le roi fît venir et dépensât en Angleterre les revenus qu'il tirait de ses domaines héréditaires du continent.

Georges voulait pouvoir dire qu'il n'avait pas d'excédant sur les dépenses de sa cour dans lesdits actes. Aussi vit-on alors ses ministres hanovriens obligés, pour se conformer aux intentions bienveillantes de leur souverain, de solliciter auprès des baillis l'indication des dépenses utiles.

J'ai vu une de ces lettres, portant : « Malgré toutes « nos recherches, nous ne trouvons pas l'emploi d'un « fonds de caisse de cinq mille et quelques thalers; « nous comptons sur vous : au nom de Dieu, indiquez- « nous un emploi convenable; vous aurez bien mérité « de l'électeur et du pays. »

Quel contraste avec les budgets de la restauration !

C'est à cette sage administration, dont l'exemple ne peut malheureusement pas devenir contagieux, que le Hanovre a dû de pouvoir supporter les charges multiples et variées à l'infini d'une occupation militaire qui a duré douze années. Ce pays, avec un revenu annuel de quinze millions, en avait déja payé, quand je le quittai, cinquante-huit en espèces aux

caisses française. Si on joint à cette somme les
dépenses matérielles, fournitures, réquisitions, logement de troupes, inhérens à l'état de guerre, on aura
peine à concevoir comment il ne s'est pas anéanti
sous tant de causes d'appauvrissement.

Ce prodige s'explique par le bon esprit, la sage
économie et la résignation des Hanovriens, et par la
tendre sollicitude et le généreux dévouement des hommes instruits en possession de la direction des affaires.
Je doute qu'il y ait en Europe un pays où les lumières
et la loyauté soient plus généralement répandues.

Dans le système qui régissait cet État, jamais l'administration ne cherchait à pressurer les fermiers
de la couronne. Ceux-ci étaient en même temps officiers de justice et chefs de tous les services civils dans
leur arrondissement.

Leur traitement, leurs épices comme juges, leurs
bénéfices sur les biens qu'ils tenaient en ferme, leur
composaient un revenu considérable, qui tendait sans
cesse à s'accroître en raison de l'ordre et de l'intelligence du tenant, ainsi que par la facilité que leur
donnait le gouvernement.

Ils bâtissaient, défrichaient, faisaient des amélior-
rations à leur guise, et loin de les tracasser pour en
obtenir des augmentations dans le prix de leurs fer-
mages, l'autorité les aidait dans leurs spéculations,
parce qu'elles tournaient nécessairement à l'avantage
du pays, et par suite à celui de la couronne.

Le prince Louis de Prusse, tué à Saalfeld, la veille
de la bataille de Iena, parcourant le Hanovre, alors

qu'avant la campagne d'Austerlitz cet Etat avait été
cédé à la Prusse par la France, frappé du bien être
et de la brillante position des baillis chez lesquels
il s'arrêtait chaque soir, disait : Si je n'étais prince de
Prusse, je voudrais être bailli hanovrien.

L'administration française ne se croyait pas tenue
à une pareille condescendance envers cette heureuse
classe d'agens, tout à la fois magistrats, administrateurs et fermiers. Elle voulait de l'argent ; c'était
l'ordre d'en haut : aussi fut-il décidé que tous ces défrichemens et toutes ces bâtisses, tenus en raison
d'office, rentreraient dans la classe des domaines
affermés.

En exécutant cette disposition, je pus satisfaire
tous les prétendans qui trouvèrent ainsi à jouir, par
d'avantageux baux à loyer, et pour aussi long-temps
qu'ils le voulurent, des biens créés par eux-mêmes,
et qu'une démission, une mutation d'emploi ou une
destitution, pouvait leur enlever à chaque instant :
aussi les regrets furent-ils universels dans le pays,
quand d'autres fonctions me firent porter ma résidence à Hambourg.

Ces regrets ne furent point stériles. Le Hanovre
entretenait auprès du général Benningsen, qui commandait le siége de Hambourg en 1813 et 1814,
un commissaire extraordinaire, nommé le baron de
During , petit neveu de ce During si fidèle à
Charles XII dans son retour de Turquie.

M. de During avait été président de la commission de gouvernement du Lawembourg. Il eut ordre

de me réclamer si Hambourg était forcé de se rendre aux armées alliées. J'aurais dû, si ce malheur fût arrivé, à cette circonstance que je n'ai connue qu'après la levée du siége, d'éviter d'être le prisonnier des Russes. J'avois été celui des Turcs pendant trois ans, à l'occasion de l'expédition d'Égypte. Il eût été dur d'avoir à faire la comparaison des traitemens réservés dans les deux pays aux prisonniers de guerre.

Ce serait le moment d'entrer dans des détails sur ma conduite politique à Hambourg; mais comme ils se lient au service de haute police dont j'ai à rendre compte, je les renvoie au chapitre suivant, qui est consacré en entier à ce service.

Avant la restauration, je n'avais exercé aucune fonction publique dans l'intérieur. Constamment aux armées depuis 1792, et avant cette époque, officier subalterne dans les garnisons du midi depuis l'année 1788, époque de mon entrée au service, au sortir de l'école militaire, je ne pouvais avoir donné lieu à aucune censure de ma vie politique.

Depuis 1814 jusqu'à l'ouverture des préparatifs pour l'expédition d'Alger, je n'ai rempli aucun emploi de l'État, ni eu le moindre contact avec la machine politique.

Quelques tentatives de ma part pour obtenir de l'activité, et parvenir à accomplir vingt mois de service qui me manquaient pour former les trente années exigées pour les pensions de retraite, furent repoussées sans examen. On se bornait à répondre aux démarches faites en ma faveur : Il a eu la confiance de l'Empereur , il ne peut nous convenir.

Cependant, de 1828 à 1831, j'avais occupé le secrétariat général de l'Académie royale de musique ; mais ce poste, que je reçus de M. le vicomte de La Rochefoucauld, chef du département des beaux-arts, en réparation d'un tort qu'il m'avait, bien involontairement, causé dans ma fortune, n'était pas un emploi public ; il dépendait de la liste civile, et ne pouvait compter pour fournir des droits à une pension sur l'État.

Arriva le moment où le gouvernement déchu songea à punir les infractions au droit des gens et aux traités en vigueur, que s'était permises le chef de la plus puissante des régences barbaresques. Cette résolution devait venger la chrétienté en même temps que l'honneur français ; elle devait en outre doter la France d'une possession à sa portée et à sa convenance.

On sait avec quels soins l'expédition d'Alger fut préparée, et quelle bonne foi, quelle abnégation de préjugés politiques, quel esprit de justice présidèrent à son organisation.

On chercha de tous côtés des lumières et des documens. Tout homme qui put fournir un contingent quelconque de renseignemens et faire espérer quelque utilité de ses services fut admis à faire partie de l'armée.

Je fus redevable à quelques articles sur la seconde campagne des Russes en Turquie, qui parurent dans le *Constitutionnel,* d'être consulté sur quelques parties de l'expédition projetée.

3

Les notes que je fournis sur cette matière déci-
dèrent M. le ministre de la guerre , comte de Bourmont, à m'envoyer à Tunis pour y vérifier l'exactitude
de mes données et en recueillir de nouvelles relatives
à la campagne qui allait s'ouvrir et à l'établissement
colonial qui devait naître de la conquête.

Je partis en avril, et je fus de retour à Toulon le
jour même où le général en chef y arrivait de Paris.

J'eus l'honneur de le voir à la consigne du port.
J'étais sous le régime quarantenaire comme venant
d'un pays suspect de contagion.

Son Excellence fut satisfaite de mes recherches ;
elle me donna l'ordre de suivre l'armée, et me fournit,
après la prise d'Alger, l'occasion de signaler mon
zèle et ma sollicitude pour le bien de mon pays, en
m'employant à l'organisation civile de la conquête
et en m'en confiant la haute police.

Les services que j'avais rendus , ceux que mes
études sur l'Orient me permettaient de rendre encore,
mes opinions bien connues, ne me sauvèrent point
des atteintes de l'intrigue.

Je fus remplacé sans qu'on daignât m'en donner
l'avis, et je ne l'appris officiellement que par l'arrivée
d'un successeur à qui le pays était totalement inconnu
et dont l'âge avancé ne permettait plus une étude
que j'avais commencée à 24 ans, en suivant le général Bonaparte en Égypte.

On avait cru, à Paris, dans l'ignorance profonde
de ce qu'était Alger et de ce qu'il convenait d'y
établir, qu'il suffisait d'un agent, sous un titre quel-

conque, pour y exercer une police locale , qui , prise
dans ce sens; devait se borner à la surveillance du
balayage des rues , de l'ordre à entretenir dans les
marchés et au maintien des bonnes mœurs. Mais ces
soins , partout, Paris excepté , sont dans les attributions municipales ; et dans une ville conquise , une
partie de ces mêmes soins ressort à l'état-major de
la place. ,

Réduite à ces termes, la police expédiée de Paris
fut incessamment jugée inutile par le nouveau gouverneur, et peu de jours étaient à peine écoulés ,
qu'elle fut, quant à sa partie non administrative, qui
resta à la municipalité, supprimée et réunie au commandement de la gendarmerie.

La police, telle qu'il la fallait au début de l'occupation, et telle que M. le comte de Bourmont l'adopta,
sur le rapport que j'eus l'honneur de lui adresser du
lazaret de Toulon avant le départ de la flotte, devait
ouvrir cette carrière d'influence sur les populations,
si négligée, si méconnue, et qui seule, cependant,
peut préparer la soumission du pays.

Je donne textuellement cette pièce, attendu qu'elle
ne peut supporter l'analyse.

Du lazaret de Toulon , ce 17 mai 1830.   .

« MONSEIGNEUR,

« Dans les pays civilisés tout est réglé par des lois
« ou par des dispositions administratives. L'éducation
« des individus, leurs mœurs, les usages, les tradi-
« tions secondent l'action de la police : elle tend

« toujours à améliorer ; rarement elle a à créer.

« Je fais ici abstraction de la police révolutionnaire
« ou de parti, qui est toujours inquiète, susceptible,
« tracassière, tyrannique. Je ne parle pas non plus
« de la haute police, qui appartient exclusivement à
« l'autorité suprême, et ne doit avoir pour but que
« la sûreté de l'État et la conservation des plus hauts
« intérêts.

« La police, telle qu'il convient de la créer à Al-
« ger, sort de ces diverses catégories, ou plutôt elle
« participe de toutes.

« Dans ce pays, tout sera à faire ; il faudra partir
« des élémens. La création ne trouvera aucun appui
« dans les dispositions des peuples. L'éducation des
« indigènes, leurs mœurs, leurs usages, les traditions
« ne pourront être invoqués comme base des institu-
« tions à former. On pourra les consulter pour ne
« point les choquer ; il ne conviendra nullement d'y
« puiser des principes, ni de s'astreindre à les
« respecter.

« Le système à établir doit préparer les résultats
« suivans :

« La fusion des sectes sans qu'aucune d'elles soit
« forcée de renoncer à ses dogmes, mais en faisant
« disparaître insensiblement les jalousies, les animo-
« sités et les dédains qu'elles se portent mutuellement.

« Les nuances de castes, en admettant indistinc-
« tement aux emplois tous les hommes propres à les
« remplir.

« La disparition des armes meurtrières, portées

« ostensiblement ou cachées sous les vêtemens, en
« n'accordant le droit d'être armé qu'à titre d'office
« ou comme marque de considération.

« La suppression totale des avanies.

« La suppression des supplices monstrueux et sur-
« tout leur affectation à telle classe d'individus plus
« avilie dans l'opinion que telle autre.

« La police exacte des marchés et l'uniformité des
« droits dans les prix d'achats et dans le taux des re-
« devances, chaque exception étant le motif des plus
« criantes injustices.

« Ces résultats, et une foule d'autres qu'il serait trop
« long d'énumérer, ne seront point atteints du pre-
« mier jet. Ce n'est qu'en tâtonnant qu'on y par-
« viendra.

« Il faut cependant entrer sans hésiter dans la voie
« du bien ; et il ne sera pas sans intérêt de signaler les
« premiers pas de l'autorité française par une insti-
« tution qui laisse entrevoir aux habitans la sécurité
« dont ils jouiront à l'avenir dans leurs personnes et
« dans leur fortune.

« La preuve la plus convaincante qu'on pourra leur
« en donner, ce sera d'appeler le concours des indi-
« gènes au maintien de l'ordre public.

« Cette disposition aurait plusieurs avantages.

« Elle établirait la confiance, en montrant qu'on
« ne craint point de laisser des armes dans leurs mains.

« Elle examinerait naturellement la défense du port
« d'armes, à l'égard de tous les individus qui ne seraient
« point enrôlés.

« Elle éviterait de compromettre les soldats français
« toutes les fois que, dans un tumulte, il y aurait à
« sévir, en laissant ce soin aux indigènes qui les ac-
« compagneraient. Il ne faut pas se dissimuler que,
« parmi un peuple chez lequel le bâton joue un rôle
« si continu, il se présentera encore bien des occa-
« sions, dans les foules et dans les marchés, où ce
« spécifique sera nécessaire pour rétablir l'ordre.

« D'après ces considérations et comme base de l'éta-
« blissement d'une police dans Alger, je proposerais
« à votre Excellence, etc. »

Ici se trouvait le projet de règlement.

Il ne faut pas perdre de vue, qu'à l'époque où ce
projet était présenté et adopté, personne n'avait encore la plus légère connaissance du pays auquel il était
applicable. Tout s'exécutait, lorsque l'administration
créée à la suite de la conquête, céda la place aux rem-
plaçans qui lui étaient envoyés de Paris.

Ceux-ci exercent depuis dix-huit mois ; ils ont profité des premiers fondemens jetés avant leur arrivée.
Ils ont pu tenter des essais et s'éclairer par l'expérience : où ont-ils conduit la colonie ?

Je revins en France, par suite de la cessation de
mes fonctions et non d'une révocation, car il ne m'en
fut point signifié. Arrivé à Paris, au lieu de quelque
récompense ou au moins de quelques paroles de satisfaction, je me vis refuser le solde de mon traitement.

Ici je dois déclarer solennellement que je n'accuse
pas le ministre qui a prononcé cette inique décision.
Il subit l'influence contre laquelle l'Empereur a vai-

nement lutté, l'influence des bureaux. Ayez des droits équivoques, mais ayez l'appui des bureaux, et votre succès est assuré. Présentez, au contraire, les droits les plus certains, si les bureaux sont contre vous, désespérez d'obtenir justice.

Que de gens accusent les premiers dépositaires du pouvoir, qui ne devraient s'en prendre qu'à leurs entours! Je suis plus juste, parce que j'ai été plus souvent froissé dans ce sens. Il sera grand le ministre qui saura s'affranchir de ces lisières!

Mais qu'était pour moi ce déni de justice qui me privait de 3 à 4,000 fr., à côté de ce qui devait m'arriver?

Je sollicite de l'emploi : je venais de remplir avec quelque succès une mission pénible; l'opinion à laquelle j'appartenais était un pouvoir; on répond à mes amis : C'est un carliste.

Comment, parce que j'ai bien servi dans une expédition toute nationale, qui devait être d'un résultat si vaste pour la France! Parce que j'ai répondu en galant homme à la confiance que l'on m'avait accordée, sous le plus absurde prétexte, celui de carlisme, vous me refusez toute justice! et vous le faites sciemment, car vous n'ignorez pas où vous pouviez apprendre de toutes parts quels étaient mes antécédents.

Qu'étaient-ils donc ceux que vous combliez de grades, de cordons, d'emploi à leur retour de la même expédition, et que l'on avait vus auparavant attelés au char de la légitimité, alors que la fortune était pour elle? Ont-ils donc abjuré ces antécédens pour avoir droit à vos faveurs, ou ne les avaient-ils que simulés en vous en prévenant d'avance?

S'ils l'ont fait, on ne me verra pas les imiter, et je ne serais pas d'ailleurs dans cette nécessité. Je n'ai rien obtenu sous la Restauration; mes vœux n'étaient point pour elle; et n'en ayant éprouvé que des injustices, je n'ai point la possibilité d'être ingrat envers elle.

Le gouvernement royal m'a appelé sous sa bannière. Tant que j'y suis resté, je l'ai servi comme j'avais servi l'Empereur. Je ne l'eusse jamais trahi. La fortune l'a renversé, j'ai repris mon indépendance, et je suis de nouveau à la disposition de mon pays.

Qu'il fut plus juste et plus généreux à mon égard, M. le maréchal comte de Bourmont!

Dès que son projet de m'envoyer à Tunis se répandit, mille cris s'élevèrent à la fois : c'est un homme dévoué à l'Empereur que vous allez employer; comment oser placer en lui votre confiance!

Un des chefs les plus marquans du parti carliste fut député auprès de ce ministre; on l'avait muni d'un article de journal rédigé à dessein, que je n'ai pas connu, ayant quitté Paris ce même jour, lequel article devait servir de texte à l'allocution destinée à me faire repousser.

L'accusation de dévouement à l'Empereur avait été vraie dans son acception la plus étendue; mais que signifiait-elle lorsque cet homme extraordinaire n'existait plus que pour la postérité?

M. le comte de Bourmont ferma la bouche à mon
accusateur en lui disant que Napoléon savait choisir
son monde, ce qui justifiait le choix sous le rapport
de la capacité; que, quant aux opinions, on pouvait
regretter un ordre de choses qui n'était plus, et cependant servir avec dévouement; qu'au surplus j'avais
des amis qui méritaient d'être écoutés, qui répondaient
de ma loyauté.

Ma conduite a justifié et la généreuse confiance
du ministre et les garanties données en ma faveur.

J'étais donc sous le poids d'une accusation de carlisme, quand monsieur le président actuel du conseil
arriva à la tête des affaires.

Il faut que l'intrigue, qui tend à faire rejeter mes
services, soit bien ourdie et surtout bien effrontée, pour
avoir osé continuer à soutenir une accusation aussi
misérable, et que le moindre examen d'une conduite
toute en dehors, comme la mienne, devait pulvériser.

Cette assertion a pourtant laissé quelques traces
dans l'esprit de M. Casimir Perrier; car, depuis même
que je lui ai fourni des preuves non équivoques d'une
opinion contraire, il n'y a pas encore long-temps
qu'en me donnant une marque de confiance il disait
à un général qui lui appartient de près et me porte
intérêt: « Mais n'a-t-il pas été carliste? »

Et quels sont les hommes qui s'acharnent à me
peindre comme partisan du gouvernement déchu? Je
dois le répéter, tous lui durent grâces, faveurs, emplois; et on les verrait encore ses plus humbles serviteurs si la chance tournait de nouveau pour lui.

Mais je poursuis ce travail : c'est des faits et non des assertions que la vérité doit se faire jour.

J'arrive à la définition de la haute police ou *police d'État*, telle qu'elle convient au temps actuel et que nos institutions peuvent la supporter.

# CHAPITRE III.

De la haute police. — Sa définition. — Comment elle a été
exercée dans la principale direction de l'Empire (Hambourg).
— Son influence sur les événemens les plus graves de l'é-
poque. — Faits curieux et peu ou point connus.

Il faut, avant tout, s'entendre sur l'institution nommée police, et à cet effet commencer par la définir
dans ses diverses acceptions.

La police a trois caractères distincts.

Elle est *municipale*, en tant qu'elle s'applique aux
intérêts de la commune. Dans ce sens elle est essentiellement administrative. Elle s'exerce sous l'autorité
des maires et la haute surveillance des préfets, par
les commissaires de police ou par les adjoints aux
mairies qui en remplissent les fonctions dans certaines
localités.

Elle est *judiciaire*, lorsqu'elle s'occupe de la sûreté
des personnes et des propriétés. Sous ce second
rapport, ce sont encore les commissaires de police
qui en sont les premiers échelons. De ce premier
degré, elle remonte aux procureurs du Roi et aux
procureurs généraux des cours royales.

Elle est enfin *gouvernementale*, et alors elle prend
le nom de haute police, quand elle a pour objet la
sûreté de l'État, celle du trône, la surveillance de

l'exécution des lois, la recherche des manœuvres des partis tendantes à troubler le pays, en un mot, tout ce qui tient aux plus hauts intérêts de la société.

C'est cette haute police qui manque à la France et aux graves circonstances dans lesquelles on se trouve engagé.

Ce moyen de gouvernement est puissant autant qu'il est utile, s'il est bien compris et loyalement manié. Il devient funeste, dangereux, tyrannique, s'il reçoit de fausses applications et s'il est remis en de mauvaises mains.

Sous le gouvernement constitutionnel, la haute police doit être inaperçue. Elle ne peut avoir d'action directe que sur délégation expresse et instantanée de l'autorité royale, motivée par cas tellement grave que le salut de l'État y soit intéressé.

A cette exception près que la nécessité justifierait, a haute police n'exerce qu'une surveillance générale. Sa mission est d'éclairer les diverses autorités, d'indiquer les mesures et de préparer leur simultanéité, quand plusieurs ou tous les fonctionnaires doivent concourir à leur exécution.

Les départemens de l'ouest et ceux du midi présentent journellement des cas qui ne peuvent être résolus que par l'ensemble des dispositions.

La capitale même ne serait pas aussi souvent troublée si, par l'action générale d'une haute police, certains événemehs étaient prévus et amortis par des dispositions prises au loin.

Cette branche de l'administration serait peut-être

assez importante, dans la crise actuelle, pour devoir former un ministère détaché, ou tout au moins une direction générale, placée sous les ordres immédiats du président du conseil.

On adopterait ce dernier parti si les élémens de ce service étaient mieux connus, et si l'on pouvait concevoir les avantages immenses que l'État en retirerait en le supposant dirigé dans un sens large, éclairé et délicat; il aurait bientôt reconquis la faveur publique, car elle s'attache à tout ce qui est vraiment utile.

On a voulu sauver la police de l'odieux imprimé à son existence telle qu'on l'a faite, en la réunissant à un département tutélaire, à celui qui administre les plus chers intérêts de la population (l'intérieur).

L'idée était heureuse: elle était en harmonie avec l'opinion publique qui repousse jusqu'à l'apparence de l'arbitraire.

Cette réunion fortifiait d'ailleurs le ministère qui est le véritable régulateur des affaires au dedans du royaume, en concentrant dans ses mains la direction exclusive des agens de l'administration.

Mais pour que tous ces avantages se trouvassent, il fallait que le ministre préposé à l'intérieur, et réunissant à cet immense fardeau l'obligation également importante de régler les mesures relatives au maintien de la sûreté de l'État, pût s'affranchir du détail des affaires et n'avoir à les connaître que lorsqu'elles arriveraient à lui, mûries et consciencieusement élaborées.

Tout homme qui a administré en grand et qui se
sent fait pour apprécier de haut les faits qui sur-
viennent, doit avoir appris par expérience combien
est pénible la nécessité d'éplucher soi-même les matières. Si on se livre à ces recherches, le temps se
dissipe, l'esprit se fatigue et la lassitude nuit à la décision. Si on les néglige et que l'on ne soit point aidé
avec intelligence et bonne foi, on ignore une foule de
faits, ou on ne les apprécie que sur des données incomplètes; et de là nécessairement erreurs sur erreurs.

C'est ce qui arrive en ce moment.

Personne ne met en question la prodigieuse disposition de M. Casimir Perrier à saisir et à juger les
questions qu'on lui soumet. On ne lui fait point l'in-
jure de douter de sa bonne foi et de son zèle pour
le bien public.. On sait enfin qu'il donne tous ses
momens aux intérêts de l'État.

Si ces faits sont constans, comment se fait-il que
tant de parties soient en souffrance? pourquoi tant
de plaintes non satisfaites, tant de causes de perturbation en mouvement sur la surface du royaume?

La chose s'explique : M. le président du Conseil ne
peut tout voir, ne peut tout lire par lui-même. De
cette impossibilité dérive une conséquence fâcheuse
et inévitable, c'est qu'obligé de choisir entre tant
de faits d'une gravité sérieuse qui appelleraient également son attention, il s'attache plus particulièrement
à ceux qui lui paraissent dominer tous les autres.

. M. le président du Conseil a très bien jugé que la
France, agitée par les factions qu'elle recèle, ne

pouvait braver ou accepter sans dangers une guerre
étrangère. Dans cette conviction, il a mis tous ses soins
à éviter une rupture ; et il faut convenir, de quelque manière que l'on envisage ses actes, quelle que
soit la malignité avec laquelle on les attaque, qu'il
a réussi jusqu'à ce jour, à travers d'innombrables
obstacles, à éloigner l'orage.

Une autre combinaison se présentait, de laquelle
découlait un autre système.

Si, au lieu de faire son étude principale des moyens
d'écarter la guerre étrangère, sur ce fondement que
l'agitation qui règne en France devait affaiblir les
ressources de la nation et fournir un auxiliaire puissant à l'ennemi, il se fût attaché de préférence à calmer l'intérieur, à rendre les partis impuissans à
nuire, à gagner la confiance de la population, ne
se serait-il pas placé dans la position de ne plus redouter une agression ? ne se serait-il pas mis en position de faire repentir de leur témérité ceux qui
l'auraient tenté ?

La question était entre ces deux partis : tout sacrifier au maintien de la paix, ou tout faire au dedans
pour n'avoir pas à craindre les suites d'une attaque
du dehors. Il n'est pas difficile de pénétrer les raisons
qui ont fait préférer le premier système.

M. le président du Conseil a pu connaître, par les
rapports de la diplomatie, et par d'autres voies auxiliaires, tout ce qu'il lui importait de savoir journellement pour diriger la politique extérieure de la France,
dans le sens qu'il a jugé le plus convenable de lui
donner.

Les matériaux qui passaient sous ses yeux traitaient les affaires sur une large base. Dans cette carrière, peu de détails; l'esprit peut, sans fatigue, saisir l'ensemble des faits; et, avec un sens droit, on est conduit à prendre une résolution dont toutes les chances ont pu être évaluées à l'avance.

Le contraire arrive quant à l'intérieur : ici tout est détails, et détails d'autant plus incertains ou erronés qu'il y a moins de connaissance des affaires et d'expérience dans l'innombrable quantité d'agens qui alimentent le ministère de rapports journaliers.

Il est physiquement impossible qu'un ministre, quelque aptitude qu'on lui suppose, puisse aborder sans cesse cette foule de documens si variés; qu'il ait le loisir de les lire avec attention, de les comparer entre eux et d'en tirer des inductions certaines. S'il l'entreprenait, toutes ses facultés seraient absorbées par cette investigation; il serait épuisé avant d'arriver au moment où il aurait à prononcer.

Mais qu'il y ait un travail préparatoire fait par un bon employé, mûri par l'étude et par l'habitude de l'administration, la besogne parviendra au ministre dégagée de tout accessoire et de toute inutilité.

Elle présentera les faits sous leur jour le plus clair, et les décisions pourront alors être prises avec la plus exacte connaissance des faits.

Cet appui manque nécessairement à M. le président du Conseil; car s'il en jouissait, comment, avec la promptitude de son coup d'œil, laisserait-il tant d'affaires en souffrance?

On m'a cité un de ses chefs de division qui répond à toutes les instances : Est-il possible de parler
à son excellence, d'en tirer une réponse, une signature?... Malheureux! à qui la faute? Si vous prépa-
riez les affaires que vous lui soumettez, de manière à
ce qu'après avoir lu ou entendu votre résumé il n'y
eût qu'un *oui* ou un *non* à prononcer, vous verriez
qu'il ne ferait pas attendre sa décision.

C'est surtout en matière de haute police, dans la
situation fâcheuse de l'intérieur, qu'il importerait que
les situations journalières fussent présentées avec une
évidente clarté, et que des propositions, adaptées aux
lieux et aux hommes, accompagnassent ces tableaux.
Alors le ministre n'aurait qu'à choisir entre ces propositions ou à leur substituer une décision dont la
pensée lui serait peut être suggérée par celle-là même
qu'il rejetterait.

Mais ici la grande difficulté gît dans l'ignorance
où l'on est de la matière. La haute police est si peu
connue; on a tant abusé de la chose, on a tant décrié
l'institution, qu'il n'est nullement étonnant que les
ministres, honnêtes gens, qui se sont succédé aux affaires, aient repoussé ou négligé un moyen d'administration dont l'exercice, mal pratiqué, démontrait
plutôt le vice que l'importance, et qui ne se présentait que sous des formes hideuses.

C'est, je crois, rendre un service important au
pays et au gouvernement, en rectifiant les notions
reçues à ce sujet.

Que l'on réfléchisse à l'état actuel de l'intérieur ;

4

que l'on reconnaisse que la perturbation est partout
assez sérieuse pour troubler toutes les existences, et
pas assez compacte pour être combattue par la force,
et l'on admettra l'urgente nécessité d'une intervention pacifique, insensible, qui doit amener un résultat infaillible, si elle est traitée, non comme on l'a vu
depuis long-temps, mais telle qu'on peut l'exécuter.

Pour rendre claires mes idées à ce sujet, je serai
obligé d'invoquer mes souvenirs. Qu'on me pardonne
les détails dans lesquels je serai forcé d'entrer : j'ai
des erreurs injurieuses pour moi à rectifier.

Pendant les dernières années du gouvernement
impérial , j'étais directeur général de la police à
Hambourg. Fixé dans cette ville, comme centre de
résidence, avec des attributions spéciales aux départemens qui composaient la trente-deuxième division
militaire, ma surveillance n'avait pourtant pas de
limites.

L'Angleterre, le Danemarck, la Suède, la Russie,
tout le nord de l'Allemagne, formaient pour moi, si
je puis m'exprimer ainsi, un arrondissement intellec-
tuel sur lequel mes observations devaient s'étendre,
à l'effet de tenir le gouvernement instruit de tout ce
qui pouvait l'intéresser.

Pendant la campagne de Moscou, les parties de la
Péninsule espagnole et portugaise non occupées par
les troupes françaises fournissaient souvent des chapitres entiers aux bulletins que j'expédiais chaque
jour, par estafette, au quartier général impérial.

Le commerce anséatique me donnait sur ces contrées des documens certains. On verra bientôt comment j'étais parvenu à les obtenir.

Il arrivait encore que l'armée, pénétrant en Russie à travers des provinces dont la population avait
été refoulée sur l'intérieur de l'empire, on ne rencontrait aucun individu dont on pût tirer des notions
sur les mouvemens ordonnés de Pétersbourg. C'était
par moi que l'Empereur les connaissait. Je les apprenais par les relations que j'avais ouvertes avec cette
capitale et avec la Suède.

MM. le duc de Bassano et le vicomte de Rayneval,
à Wilna, où ils résidaient, et M. le général Pelet,
aide-major-général auprès du prince de Neufchatel,
ont eu une connaissance plus particulière de ces bulletins. Ils peuvent dire s'ils ont été privés d'intérêt et
d'utilité.

Dans ce vaste champ d'observations, où tout était
hostile à la France, où les faits les plus indifférens
en apparence pouvaient avoir les résultats les plus
contraires à nos intérêts, il fallait avoir l'œil ouvert
sur tous les points; il fallait étudier les événemens
arrivés souvent à de grandes distances, pour reconnaître s'il y avait corrélation avec d'autres événemens
survenus dans des contrées plus rapprochées.

Ainsi, doit-on en France, s'il surgit une insurrection à Lyon ou à Grenoble, chercher à découvrir si
elle ne doit pas avoir du retentissement à Nîmes ou
à Toulouse; et lorsqu'un mouvement se manifeste
dans la Vendée, s'assurer de suite si on n'en ressentira pas le contre-coup à Avignon ou à Marseille.

De même qu'aujourd'hui le parti légitimiste étend ses relations du Finistère aux Bouches-du-Rhône, de même, à l'époque passée, l'Angleterre préparait chez elle des projets contraires à la domination française, qui recevaient leur exécution dans les pays étrangers placés sous l'influence impériale.

Chaque traité de subsides conclu à Londres, sur la fin de 1812, préparait une défection à la cause de Napoléon; et quand, par le mouvement de la bourse de Hambourg, on apprenait que des versemens de fonds avaient lieu sur le continent, on pouvait être assuré qu'une puissance de deuxième ou troisième ordre, jusqu'alors alliée fidèle, était au moment de faire volte-face.

J'apprenais à connaître, par les mêmes moyens d'observation, l'époque, l'espèce et la destination des armemens militaires qui se faisaient dans les ports de l'Angleterre.

Une tâche aussi étendue ferait supposer la disposition de bien grandes ressources en fonds extraordinaires. Il n'en était rien.

Ma direction, la plus importante des cinq institutions semblables créées dans les États réunis à la France, c'est-à-dire, 1o l'État pontifical, 2o la Toscane, 3o le Piémont et Gênes, 4o la Hollande, 5o partie du Hanovre, les villes anséatiques et l'Olvembourg, était la moins favorablement traitée par le ministère.

Quand je fus nommé à Hambourg, par le choix direct de l'Empereur, ma nomination déplut à toutes les coteries du quai Malaquais, où je n'étais nullement connu : on s'indignait de voir arriver un étranger à une place dont on apercevait déjà l'importance. On me refusa toute instruction.

J'arrivai donc à un emploi épineux, investi d'une grande étendue de pouvoirs, et qui devait plus tard en acquérir davantage en raison de l'aggravation des revers de la France, sans études et sans instructions préalables sur la nature de mes devoirs.

L'instinct, l'expérience, le zèle, le dévouement, m'inspirèrent à défaut de toute autre donnée.

Je devinai ce que devait être une police d'État; je me créai un système; je suppléai aux renseignemens que l'on me refusait.

Mes méditations sur la matière, n'étant entravées ni restreintes par aucune notion des pratiques usuelles, par aucune lisière de routine, me conduisirent heureusement à dégager mon système de l'amalgame des méthodes basses, honteuses, qui sont comme les traditions d'une école que je ne connaissais pas et dont les fureurs des partis, depuis une vingtaine d'années, ont accru le scandale et le dévergondage.

Combien n'ai-je pas eu à me féliciter de l'ignorance où l'on m'avait laissé, puisque je lui ai dû la création de principes qui ont dégagé le service délicat dont j'étais chargé, de l'odieux dont on le couvre ailleurs !

Jamais je n'ai eu aucun point de contact avec ce que l'on nomme espions, mouchards, ni même avec des agens dits de police. Mes rapports ne sortaient point de la ligne des membres de l'administration, commissaires généraux, spéciaux et simples commis-

saires de police ; et encore, vis-à-vis de ces derniers,
avais-je un intermédiaire dans le commissaire central
de Hambourg, homme d'un mérite non contesté,
ancien constituant et ex - membre du conseil des
Cinq-Cents.

Ma mission était purement diplomatique. Je faisais ce dont avait été chargé le ministre plénipotentiaire de France près les villes anséatiques, avant
leur réunion à l'empire.

La police ordinaire n'était qu'un accessoire à mes
attributions principales. Je ne la négligeais nullement ; mais c'était par des instructions et une grande
attention à les faire exécuter, que je remplissais cette
partie de mes devoirs.

Arrêtait-on, par mes ordres ou sur d'autres indi-
cations, des prévenus de vol, de faux, d'incendie, etc.?
Sur le rapport qui m'en était fait, je prescrivais immédiatement le renvoi des pièces et la conduite des
prévenus par-devant MM. les officiers du parquet.

Qu'on ne croie point que cette espèce de délaisse-
ment de cette branche du service ait nui à l'ordre public. Hambourg, qui est à un quart de lieue des frontières danoises et à cinq ou six lieues de celles du
duché de Mecklembourg ; qui renferme une population de 125,000 âmes, qui sert aussi de refuge, comme
toutes les grandes villes de commerce, à une foule
d'aventuriers et de malfaiteurs, n'a pas vu un seul
assassinat pendant toute la durée de l'administration
française. Il ne s'y est commis, dans le même espace
de temps, proportion gardée, qu'une quantité de

vols à peine égale à ce que les fastes de Paris en présentent dans une semaine.

Les incendies y étaient fréquens avant que je ne
prisse le service. Ils formaient même une branche
de spéculation. Les maisons construites en bois étaient
en grand nombre assurées par la compagnie du
Phénix de Londres. Leur destruction profitait, à cette
compagnie en lui attirant de nouveaux cliens, et
aux incendiaires par le prix que l'on mettait à leur
infamie.

A peine installé, je fis prendre sur le fait deux de
ces malfaiteurs. Ils furent livrés à la coûr impériale
et jugés à mort. Depuis on ne vit plus d'incendie.

Mais mes soins les plus constans furent toujours
dirigés sur les questions de haute police, qui se
résumaient en répression des tentatives ouvertes ou
secrètes de l'Angleterre pour amener l'expulsion des
Français de l'Allemagne, et en surveillance des partisans nombreux et actifs que l'indépendance avait
dans ce pays.

Ce dernier soin était pénible. J'étais lié avec une
foule d'amis de la liberté; je ne pouvais qu'approuver intérieurement l'impatience avec laquelle ils
voyaient la domination impériale peser sur leur
patrie.

Mais cet état était une conséquence forcée de la
position de la France vis-à-vis de la Grande-Bre-
tagne. Faute de marine, c'était sur le continent que
l'on combattait les Anglais. Il était curieux de voir
le théâtre de la guerre entre ces deux puissances

transporté chez des peuples étrangers à la querelle. Le malheur des Allemands était grand, car ils se voyaient opprimés par une nation qui respectait et partageait leurs opinions, et ne pouvait cependant favoriser leur cause sans sacrifier les intérêts français.

Je dus donc constamment porter une attention extrême à dépister les agens de l'ennemi, ses embaucheurs, ses messagers.

Je devais suivre avec une attention particulière les mouvemens des bourses et les variations des cours sur toutes les places.

Cette étude, comme je l'ai déjà dit, conduisait à la découverte des préparatifs de guerre et souvent à celle des projets de l'ennemi.

L'exact maintien du blocus continental était aussi une des attributions les plus sérieuses de ma mission.

Comment suffire à des soins aussi variés que multipliés? Est-ce par la multitude des agens secrets et l'emploi de fonds considérables que je suis venu à bout de remplir tant d'exigences?

Je n'avais aucuns fonds extraordinaires à ma disposition, et je n'ai jamais personnellement employé d'agens secrets, quoique l'on fût généralement persuadé qu'il y en avait un attaché à chaque maison de Hambourg.

Le secret de mes opérations résidait dans des moyens que je puis dévoiler, aujourd'hui que tout est fini à cet égard, et qu'il n'en pourrait résulter aucun préjudice pour ceux qui m'ont très innocemment et très fidèlement aidé.

Je suis d'ailleurs satisfait de pouvoir faire connaître au public que l'on peut exercer loyalement la
police d'État, et apprendre à ceux qui sont appelés
à la diriger qu'il n'est point nécessaire, pour avoir
des succès, de recourir à de honteux moyens, tels
que l'emploi d'individus dont le contact est si repous-
sant.

Trois citations justifieront ce que je viens d'a-
vancer.

Il était rigoureusement défendu à tous les citoyens français (les villes anséatiques étaient réunies
à l'empire) de correspondre avec l'Angleterre. J'a-
vais l'ordre spécial de livrer à des commissions militaires les infracteurs de cette disposition.

On conçoit quelle gêne résultait de cette prohibi-
tion pour le commerce anséate, intermédiaire ordinaire du commerce britannique avec celui de l'Allemagne, de la Pologne, et de presque toute l'Europe.

Le besoin de relations faisait braver les rigueurs
de la loi. Des négocians se réunissaient; et, à frais
communs, expédiaient des messagers qui, par des che-
mins détournés et des circuits sans nombre, gagnaient
la côte de la mer entre les bouches de l'Elbe et celles
du Weser, et là étaient reçus par des embarcations,
détachées pendant la nuit, de l'île d'Héligoland.

Mais la gendarmerie, la troupe de ligne, la marine, et surtout la douane, faisaient une bonne
garde, et saisissaient souvent ces messagers. On
m'envoyait les dépêches trouvées sur eux.

Les premières qui me parvinrent me donnèrent

l'idée de faire tourner en utilité pour le gouvernement la rigueur cruelle qui m'était prescrite. Je trouvai cet avantage dans la confiance qui m'était accordée, et dont j'ai usé souvent, à mes risques et
périls, de pouvoir modifier mes instructions quand
il devait en résulter un bien notoire.

Je fis appeler un banquier avec lequel j'étais lié.

Après les premiers complimens, je lui exprime
mes regrets d'avoir à lui faire connaître le sort qui
le menace. Je dois, lui dis-je, vous livrer sans retard à une commission militaire. Voilà votre con-
damnation. Je lui montrai des lettres écrites par lui
à ses correspondans de Londres et autres ports anglais.

On peut juger de sa consternation, que je m'em-
pressai de faire cesser en lui rendant ses dépêches.

Mais voyons, ajoutai-je tout de suite, si, de cette
circonstance, il ne peut pas sortir une combinaison
qui nous soit réciproquement utile.

N'est-il point vrai que vos amis de Londres vous
instruisent de toutes les mesures du gouvernement
anglais qui ont trait au continent, et qui peuvent
vous fournir l'idée de spéculations nouvelles, ou vous
servir de règle dans celles que vous auriez entre-
prises?

N'est-il point vrai que, dès que vous recevez ces
nouvelles, vous vous empressez, à votre tour, de
les communiquer, dans le même but, à vos amis
d'Augsbourg, de Ratisbonne, de Vienne, etc.

— Tout cela est exact.

—Eh bien ! je vous demande d'être traité par vous comme un de vos correspondans. Quand vous recevrez des lettres de Londres, vous ferez un bulletin de plus, et il sera pour moi. En échange, je vous autorise à correspondre avec l'Angleterre, et vous le ferez sans risque.

Ce banquier accéda avec joie à cet arrangement ; et il a été fidèle dans les communications qu'ils me faisait.

Nous parcourûmes ensuite ensemble le reste du paquet, et il m'indiqua plusieurs maisons de Hambourg, de Lubeck et de Bremen, à qui le même arrangement pouvait convenir.

Ainsi, sans débourser de fonds, et sans recourir à des agens toujours douteux et rarement capables de bien servir, j'eus des renseignemens certains, car ils partaient de bonne source, l'intérêt personnel ; et l'on conçoit que je ne les eusse jamais obtenus par les plus grands sacrifices d'argent.

En Angleterre, le gouvernement est servi dans le même sens, par l'esprit national du commerce. Tout avis reçu par les bonnes maisons lui est immédiatement transmis.

Est-ce là une police odieuse ?

Je dois faire remarquer que mes communications, par la voie que je viens d'indiquer, ont commencé en l'absence du prince d'Eckmuhl ; elles ont été continuées, de son aveu, à son retour de Moscou. Quand ce prince était dans son gouvernement, la haute police lui appartenait.

Je passe à la seconde citation.

Un de mes nouveaux correspondans me prévint un jour, par l'extrait de ses lettres qu'il m'envoyait, qu'un mariage était projeté entre le prince héréditaire d'Orange et la princesse Charlotte d'Hanovre, héritière présomptive des trois royaumes; que les jeunes gens se refusaient à cette alliance, et que pour vaincre les répugnances du prince, un des grands-officiers de la cour de son père, aujourd'hui roi de Hollande, qui avait alors sa résidence à Berlin, devait se rendre en Angleterre et de là en Espagne, où Son Altesse servait dans l'armée alliée avec la qualité d'aide-de-camp du duc de Wellington.

On espérait de cette union le soulèvement de la Hollande, appuyée de toutes les forces anglaises, lorsque telle chance que l'on pouvait déjà entrevoir aurait affaibli la puissance de Napoléon, marchant imprudemment sur Moscou.

Je compris tout de suite l'importance de cet avis, et je profitai de la présence à Berlin d'une personne sûre et intelligente, pour découvrir tout ce qui pourrait me mettre sur la trace du négociateur attendu à Londres.

Je fus bien servi dans cette occasion.

On m'envoya le signalement du voyageur et l'indication du nom qu'il prenait dans son passe-port. Il passa à Hambourg sans obstacle, seulement il fut observé de manière à être reconnu à son retour.

Le faire arrêter alors eût été chose facile. Qu'en serait-il arrivé? Il eût avoué ou nié sa mission;

c'était indifférent. L'essentiel était d'en connaître le résultat.

J'appris, au moyen des dispositions que j'avais prises, son passage à Copenhague, son arrivée à Gothembourg, et son embarquement pour Londres.

Dans cette ville, il visita les membres des trois maisons d'Orange, de Brunswick et de Hanovre ; ses traces furent ensuite perdues.

Il reparut quelques semaines après, revit les mêmes personnages qu'à sa première venue, et s'embarqua pour le continent.

Pendant son absence, il avait effectivement fait le voyage d'Espagne, où il assista et paya de sa personne, à une des plus chaudes affaires de cette guerre, celle de Talavera de la Reyna, autant qu'il m'en souvient.

En arrivant à Gothembourg pour passer à Londres, il avait quitté l'incognito. Il le reprit dans cette ville à son retour. Mais il avait été trop bien remarqué pour pouvoir échapper aux dispositions prises à son égard.

Toutes ses dépêches furent saisies, et à cause de leur importance, envoyées à l'Empereur qui s'avançait sur Moscou.

Parmi ces lettres, qui étaient toutes relatives à l'alliance projetée, et pleines de regrets de ce que l'aversion mutuelle des jeunes gens y mettait un obstacle invincible, il s'en trouvait une du prince héréditaire, adressée à son père, pleine de détails qu'une femme ne pardonne jamais.

L'Empereur reçut le paquet en entrant au Krem-
lin; la première pièce qu'il parcourut fut cette lettre.
« Le prince d'Eckmuhl, à son retour à Hambourg,
m'a fait l'honneur de me dire que sa majesté avait
montré la plus grande satisfaction en la lisant, et
qu'il s'était ensuite écrié : Voilà une partie gagnée! »

Il mit soigneusement cette pièce dans sa poche,
et, à son arrivée à Paris, il s'empressa de la faire
passer, par une voie sûre, à la princesse d'Angleterre. On m'a assuré que S. A. R. s'en était servie
pour vaincre l'obstination de ses parens, qui persis-
taient dans ce mariage si fort à leur convenance.

C'est à cet événement que le prince de Saxe-Co-
bourg, aujourd'hui roi des Belges, a été redevable
de la brillante élévation que la mort funeste de sa
royale épouse lui a enlevée.

Le grand-officier de la cour d'Orange sur lequel
les pièces avaient été saisies fut appelé à Paris, où il
n'eut pas de peine à prouver au ministère qu'il n'a-
vait fait que le devoir d'un fidèle serviteur.

J'avais été témoin de sa douleur à l'enlèvement de
ses dépêches, et j'avais essayé de le consoler en le
rassurant d'ailleurs sur les suites de cette affaire.

La dernière des trois citations que j'ai annoncée
concerne un des faits les plus graves de l'époque où
il se passa.

Un négociant de Lubeck, l'un de ceux dont j'au-
torisais la correspondance avec l'Angleterre, reçut et
me transmit l'avis d'une conférence indiquée à Abo,
en Finlande, entre l'empereur Alexandre et le prince

royal de Suède. Un ambassadeur d'Angleterre, qu'on ne nommait pas encore, et que l'on sut bientôt être le lord Catkard, devait y assister.

C'était, depuis l'adhésion de la Russie au système continental , le premier agent officiel anglais que l'autocrate consentît à recevoir.

L'avis était important. La réunion projetée devait cacher un grand mystère. Elle eut lieu ; et je réussis à en apprendre les détails et à les transmettre à l'Empereur, dont ils ne parvinrent pourtant point à arrêter la marche. Il était déjà rendu à Smolensk quand je lui appris le nouveau plan de l'ennemi.

Le premier projet des alliés , bien connu de Napoléon, mettait à la disposition du prince royal trente mille Russes stationnés en Finlande, avec lesquels et vingt mille Suédois Son Altesse royale devait débarquer en Poméranie, et se porter sur l'Oder, où quarante ou cinquante mille Prussiens, licenciés après les désastres qui suivirent la bataille de Iéna, l'auraient rallié.

Avec ces forces réunies, le prince royal pouvait barrer le passage à Napoléon, et le placer entre ses feux et ceux de la grande armée russe qui l'eût suivi pas à pas, dès qu'il aurait rétrogradé pour revenir sur l'armée russo-suédoise.

Quelque féconde en résultats que parût cette combinaison, elle ne satisfit pas un homme aussi éclairé que le prince royal de Suède. Il jugea que son apparition sur les derrières de Napoléon arrêterait son mouvement et lui ferait ajourner ses projets sur la

Russie. C'était se priver de l'auxiliaire du froid, s'exposer à des chances douteuses et à une grande consommation d'hommes; c'était, en un mot, remettre en question ce que la nature pouvait décider toute seule, si, comme on l'a vu en effet, Napoléon s'obstinait à s'enfoncer dans l'intérieur de l'empire hyperboréen.

Un avis plus sage fut ouvert par le prince royal; il consistait à se désister du premier plan, à fortifier la sécurité qui poussait l'Empereur à toujours marcher en avant, en ne l'inquiétant point sur ses derrières, et enfin à porter en renfort au général comte Wittgenstein sur la Dwina, les 30,000 hommes qui se trouvaient en Finlande.

Jamais conception plus grande ne fut plus complétement justifiée. On sait ce qu'il advint de la téméraire pointe poussée jusqu'à Moscou.

Les avis précieux que j'avais fait parvenir au quartier général impérial, et dont l'appréciation eût prévenu la plus épouvantable catastrophe, ne m'avaient coûté qu'un passe-port et une petite déviation aux ordres qui interdisaient toute communication avec la Suède.

J'avais découvert un créancier important de la cour de Stockholm. Je lui proposai d'envoyer sa femme dans cette ville pour y suivre ses réclamations, promettant de la faire adresser à une personne qui pourrait appuyer ses droits.

Cette personne était en position d'être informée de tout ce qui se passerait à Abo, et je la connaissais

assez de réputation, pour être assuré qu'elle ne serait point discrète avec la femme dont elle aurait à
espérer une forte prime sur les valeurs qu'elle par-
viendrait à lui faire payer. Tout se passa comme je
l'avais prévu. La marchande hambourgeoise se rendit
à Stockholm, prit son quartier chez la personne à qui
je l'avais fait recommander, et devint la confidente
des communications qu'elle recevait d'Abo.

Elles m'étaient fidèlement rapportées par le mari
de cette marchande, en récompense de la voie que je
lui avais ouverte pour la rentrée de ses fonds.

Je possède encore les lettres de félicitations qui
m'ont été écrites sur le succès qui couronna cette affaire, bien qu'on n'eût point profité des découvertes
importantes qu'elle avait produites.

Puisque j'en suis à faire connaître les moyens
auxiliaires, et très innocens assurément, par lesquels
la haute police peut être exercée sans frais et sans
le ministère d'agens secrets, je dois aussi révéler un
système de ruses par lequel on peut parvenir à dé-
jouer les combinaisons de l'ennemi.

L'armée française, assaillie par les rigueurs du
froid le plus intense, précipitait, en désordre, sa retraite vers les rives de l'Elbe, seul point où ses débris pussent tenir et attendre les renforts de l'intérieur.

L'Allemagne, très portée à se soulever contre la
puissance impériale, n'osait l'entreprendre avant de
connaître au juste quelles ressources en hommes et
en matériel la France pouvait encore verser sur les
champs de bataille.

5

Pour parvenir à des renseignemens exacts à ce sujet, il fut organisé, par un comité ennemi, un service de rapports journaliers, rédigé dans chaque lieu
d'étapes, par les soins des officiers municipaux chargés d'assigner les logemens militaires demandés par
les fourriers français.

Pour qu'il n'y eût ni erreur, ni double emploi, et
qu'une vérification fût possible, les rapporteurs devaient toujours joindre à leurs bulletins, indiquant
les troupes de passage dans chaque lieu, un des bons
délivrés par les parties prenantes, soit pour rations
de vivres ou fourrages, soit pour le logement des
hommes. Il faut noter que ces bons portent toujours
en tête le numéro du régiment ou la qualité des
parties qui réclament.

Les municipalités servaient de cœur dans l'envoi
de ces pièces; et le comité allié, au moyen de leur
réunion et de la comparaison qu'il en faisait entre
elles, était chaque jour informé de la marche et de la
force des corps qui passaient le Rhin.

Il importait de combattre cette investigation et de
rendre incertains les calculs qui en résultaient.

Pour y parvenir, j'employai un moyen bien simple,
qui fut couronné d'un succès complet.

Les premiers renforts sortis de France se composaient de ces cohortes du premier ban, formées en
nombre égal à celui des départemens de l'empire.

Ces cohortes avaient un numéro d'ordre.

Après le passage du Rhin, elles étaient réunies par

trois, pour former un régiment qui recevait le numéro qu'il allait avoir dans l'armée.

Dès le lendemain de la formation, le chef du corps
faisait aux autorités du pays les demandes nécessaires
pour son régiment qualifié par son numéro. Mais la
force de l'habitude l'emportait chez les fourriers; et
pendant long-temps leurs bons conservaient le numéro
de cohorte.

Je profitai de cette circonstance, insignifiante en
apparence, pour faire insérer dans les journaux des
avis conçus à peu près dans les termes suivans :

Osnabrock, etc., etc.

« Hier nous avons vu entrer dans nos murs les 37°,
« 62°, 75° cohortes et le 129° régiment d'infanterie
« française. »

Tout cela ne formait réellement qu'un seul corps;
mais comme le comité recevait des bons portant les
divers numéros ci-dessus, il ne s'apercevait pas qu'il
y avait double emploi. Il retrouvait dans les rapports
des municipalités les numéros indiqués par les journaux, et ne doutait point de l'existence et de l'arrivée
des corps qui les portaient, de sorte que l'armée
française paraissait recevoir des renforts doubles de
ceux qui la ralliaient réellement.

Je pourrais citer d'autres moyens de police tout
aussi innocens, et qui ont eu des résultats aussi utiles
que positifs; mais ils seraient à peine compris aujourd'hui. Ils sont d'ailleurs d'une reproduction impossible, vis-à-vis d'une nation éclairée et qui jouit de
la liberté entière de la presse.

Ce n'est pas qu'à l'époque dont je parle l'Allemagne fût plongée dans les ténèbres : l'instruction n'était peut-être nulle part aussi répandue que dans ce pays; mais la presse étant asservie, le champ restait libre à l'autorité française. Elle pouvait répandre ses assertions sans qu'il y eût réciprocité de la part de ses adversaires, qui demeuraient condamnés au silence.

Ce monopole de l'imprimerie donnait un auxiliaire formidable à la puissance déjà vacillante de l'Empereur. On peut dire que c'est aux ressources puisées dans les publications fournies aux journaux que l'on a dû de retarder l'explosion générale de l'insurrection des populations allemandes, jusqu'aux désastres de Leipsick, dont il ne fut plus possible de déguiser l'étendue.

Je terminerai ces citations par un récit qui m'est entièrement personnel, et qui prouvera, en opposition avec des assertions méchamment hasardées, de quelle confiance j'étais investi.

Après la première évacuation de Hambourg, la faible garnison qui avait quitté cette ville prit position à Bremen sur le Weser, où des renforts étaient attendus pour former le corps du général Vendamme et le 14ᵐᵉ corps destiné au prince d'Eckmuhl, gouverneur général de la 32ᵐᵉ division militaire.

Je m'étais porté sur Osnabruck pour continuer mes relations avec la grande armée établie sur l'Elbe, de Magdebourg jusqu'aux frontières de la Bohême.

Le Hanovre, libre de la présence des troupes impériales, se réorganisait sans bruit. Les anciens ministres de l'électeur avaient déjà repris secrètement la direction des affaires. Ils communiquaient sans obstacle avec la cour de Londres, et ils étaient sollicités par les puissances alliées de se déclarer ouvertement contre la France et d'armer une landwer.

J'étais exactement informé de ces dispositions. Si le Hanovre se prononçait avant l'arrivée des renforts, la position du Weser n'était plus tenable; le corps qui la défendait était forcé de se replier sur le Rhin, et la situation de la grande armée devenait périlleuse.

D'un autre côté, si la fortune secondait de nouveau le génie de Napoléon, le Hanovre, prématurément insurgé, pouvait être victime de son dévouement à la coalition, et une terrible vengeance aurait puni sa trop grande précipitation.

Le hasard amena à Osnabruck M. le comte de Grothe, aujourd'hui envoyé extraordinaire du roi d'Hanovre à Paris, et, à cette époque, député au corps législatif de la portion de ce pays réuni à l'empire.

Des affaires urgentes lui faisaient désirer de pouvoir se rendre à Hanovre, et il avait compté sur mon ancienne amitié, pour me faire goûter ses motifs et obtenir la permission de faire ce voyage.

On ne m'aurait point pardonné d'en avoir donné l'autorisation si les événemens subséquens eussent pu faire croire à la trahison de ce député.

Je connaissais très particulièrement M. le comte de Grothe. Je savais quelle foi je devais avoir dans sa probité, et j'éprouvais le plus grand penchant à lui être utile.

Une idée me frappa; ce fut celle de profiter de sa haute position sociale parmi ses compatriotes, pour rendre tout à la fois à la France, à son pays, à lui-même, un service des plus importans.

Je lui représentai l'imprudence et le danger d'une insurrection prématurée. Plus le Hanovre, en se détachant brusquement de la France, pouvait lui porter de préjudice, plus ce pays aurait à souffrir de la vengeance que l'Empereur en tirerait, si la fortune lui devenait de nouveau favorable. La coalition contre la France n'était pas encore compacte. La Russie et la Prusse étaient encore ses seuls ennemis déclarés; l'Autriche temporisait. L'insurrection allemande était dans tous les cœurs, mais n'éclatait pas; et enfin le prestige de la puissance morale de Napoléon conservait toute sa force.

M. le comte de Grothe était pénétré de la réalité de cet état de choses. Il tenait à la France par ses sermens; à sa patrie, par un attachement inné.

Je convins avec lui qu'il irait à Hanovre, qu'il y verrait les ministres dirigeans, et qu'il les supplierait de ma part de bien étudier les chances d'un soulèvement avant de s'y déterminer; qu'une semblable résolution pouvait avoir un beau caractère patriotique, mais qu'elle était aussi de nature à amener la ruine de leur patrie, si la France déjouait encore une fois les plans de ses ennemis.

Je m'engageais à prévenir moi-même le conseil des

ministres, de l'instant où l'insurrection serait praticable et exempte des dangers qui pouvaient la suivre
dans le moment actuel.

M. de Grothe accepta ce message qui conciliait
tant d'intérêts, et les devoirs divers qui lui étaient
imposés par sa double qualité de serviteur de la
France et de sujet du roi d'Angleterre. Le Hanovre
ne bougea pas.

Les succès de Lutzen et de Bautzen ne tardèrent
pas à justifier la bonté du conseil que j'avais donné.

Le jour où je reçus à Hambourg les premières nouvelles, encore vagues, de l'affaire de Leipsick, je fis
appeler le bailli Meyer, ex-membre de la commission
de gouvernement que j'avais instituée dans le duché
de Lawembourg, dont j'ai déjà eu occasion de parler,
et je l'autorisai à faire connaître à Hanovre l'opinion
où j'étais que l'insurrection était exécutable.

Ce n'était que pour l'acquit de ma conscience que
je faisais cette déclaration, car le pays d'Hanovre
n'avait nul besoin d'être conseillé dans le parti à
prendre dans cette circonstance.

Je passe à l'application des principes que je viens
de poser. Ma discussion embrassera la Vendée, Lyon
et Alger, dont j'ai eu occasion d'apprécier les positions
diverses.

# CHAPITRE IV.

La Vendée et les départemens de l'Ouest. — Leur situation
actuelle. — Moyens de pacification.

Au commencement du mois de novembre 1831
les départemens de l'Ouest donnaient de sérieuses inquiétudes. On prévoyait que, le cas de guerre étrangère survenant, les germes d'insurrection qui s'y ma-
nifestaient pourraient, en se développant, prendre le
caractère d'une guerre civile et devenir un auxiliaire
redoutable en faveur de l'ennemi.

De toutes parts on demandait la répression de ces
désordres; on accusait le ministère d'apathie, d'in-
curie, de faiblesse; on allait jusqu'à lui reprocher de
ne point solliciter des chambres des mesures d'exception, s'il avait la conviction que ce moyen fût le
seul à employer pour rétablir la tranquillité dans cette
partie importante du royaume.

M. le président du Conseil me fit l'honneur de
m'appeler.

Sans cesse occupé du bien public, il partageait
l'inquiétude sur l'état des départemens de l'Ouest. Les
rapports que ses collègues et lui recevaient de ces
contrées étaient incomplets et souvent contradictoires.
Il y avait chez quelques agens de l'administration
manque d'expérience ou tiédeur; peut-être aussi mau-

vaise volonté. Quelques autres indiquaient ou même sollicitaient des mesures exceptionnelles : M. Casimir Perrier ne voulait user que des moyens légaux autorisés par la Charte.

Dans cette position, il lui importait d'avoir un avis désintéressé ; une opinion sur l'ensemble de la situation du pays, qui servît en quelque sorte de contrôle aux opinions partielles que le gouvernement recevait de tous les points livrés à l'agitation.

Le ministre daigna me charger de dresser ce document. L'instruction verbale que je reçus de lui se borna à ces mots : « Vous allez vous rendre dans « l'Ouest ; vous verrez quel est l'état réel des esprits, « et vous me le ferez connaître, en m'indiquant les « mesures qu'il conviendrait d'adopter pour le réta- « blissement de l'ordre.

« Je ne veux rien d'exceptionnel. Vous ne commu- « niquerez pas avec les autorités. Je veux avoir un « avis indépendant de toute influence.»

Que doit faire, dans l'intérêt public et pour l'acquit de sa conscience, un ministre appelé à prononcer, dans des questions délicates, sur des faits qui se passent loin de lui, et lorsqu'il ne peut s'aider que de documens impliquant entre eux des contradictions manifestes ? Chercher la vérité au moyen d'une tierce intervention ; la choisir dégagée de toute considération privée ou de position, et se servir de cette opinion nouvelle pour démêler le vrai et l'utile dans les rapports qui lui ont déjà été soumis.

Aussi a-t-on vu, à toutes les époques, et verra-t-on

toujours les chefs consciencieux adopter ce parti dans toutes les circonstances difficiles, et se défendre par ce moyen des insinuations de coteries et de localités.

L'Empereur, ce grand maître dans l'art de gouverner les plus vastes États, savait se rendre présent sur tous les points de l'empire. Il n'était point facile de lui en imposer. Des généraux, des officiers d'ordonnance, des maîtres des requêtes, d'anciens administrateurs mûris dans les affaires, se rendaient dans tous les lieux qu'il ne pouvait pas visiter lui-même, et l'éclairaient par des rapports fidèles, sur la foi qu'il devait accorder aux fonctionnaires chargés de gouverner ou d'administrer en son nom. C'est ainsi qu'il parvenait à connaître les besoins, à apprécier les hommes et à redresser les abus.

J'entrai, avec un esprit dégagé de toute prévention, dans les vues de M. le président du Conseil; et peu de jours après mon arrivée dans l'Ouest je me trouvai en position de les remplir.

J'expose ici l'idée que je me fis de ces contrées.

L'état des départemens de l'Ouest n'est pas aussi inquiétant qu'on se plaît à le dire. ( J'écrivais dans le courant de novembre 1831.)

Dans les lieux qui ne sont pas en contact immédiat avec les points où se passent les événemens, on s'en occupe moins qu'à Paris, où la presse quotidienne trouve un aliment substantiel dans les récits qu'elle peut donner sur l'Ouest.

Cependant les gens sensés ne se dissimulent point

qu'il y a dans l'existence des bandes qui troublent ces contrées, dans les attentats qu'elles se permettent, et que l'on semble ne point oser réprimer, dans la puissance qui les a créées et soutenues jusqu'à ce jour, un plan d'insurrection prêt à éclore, si d'autres événemens venaient en fortifier les élémens.

Les assurances sur le maintien de la paix, données aux Chambres par le ministère, ont contribué à calmer l'effervescence dans les départemens de l'Ouest plus que les mesures incomplètes adoptées jusqu'à ce jour.

Les promoteurs de troubles, voyant les indices d'une guerre prochaine s'affaiblir, ont cessé leurs excitations et sensiblement diminué l'assistance qu'ils donnaient aux aveugles instrumens de leurs sinistres projets.

Ceux-ci, réduits à peu près à leurs propres ressources, ne persistent, la plupart au moins, dans leur criminelle carrière, que parce qu'ils se croient trop compromis pour oser espérer l'oubli et le pardon de leurs violences.

Les réfractaires, qui font partie des bandes, acceptent, comme dédommagement des risques qu'ils courent, une part dans le butin qui est dérobé aux paisibles habitans. Mais comme l'assassinat et l'incendie sont souvent la conséquence des attentats à la propriété privée, il est difficile que leur connivence avec des hommes habitués au crime, avec des forçats libérés ou évadés, puisse se prolonger, si on leur offre le moyen de rompre avec de tels associés.

Le fils de famille, coupable d'une première faute, l'infraction à la loi du recrutement, délit qui n'est point irrémissible, sera bientôt las de faire cause commune avec des misérables placés par les lois et par le mépris public en dehors de la société.

Il est impossible qu'il ne réfléchisse pas, dans l'intervalle d'un crime exécuté à un nouveau forfait prémédité, que l'appui qu'il a prêté contre un particulier qui lui est indifférent ou inconnu, on le lui demandera bientôt contre le foyer ou la personne d'un de ses proches.

Il faut saisir ce jeune homme dans cette situation d'esprit, et lui tendre une planche de salut.

Ces nuances de position, qui existent entre les deux classes d'individus dont se forment les bandes de l'Ouest, sont précieuses à étudier. Elles indiquent la différence à faire dans les mesures de répression, applicables à chaque catégorie.

Quelques observations importantes trouvent ici leur place.

Il faut d'abord constater que, si l'insurrection, telle qu'elle se comporte, est désastreuse pour les localités qui en sont le théâtre, elle ne peut cependant avoir en ce moment de conséquences sérieuses pour la sûreté de l'État. Le contraire arriverait si une rupture avec l'étranger avait lieu.

Deux opinions bien tranchées divisent la population des départemens de l'Ouest. Le désordre qui règne sur plusieurs points de leur territoire a eu pour effet de mettre ces opinions en présence, et

d'en former, en quelque sorte, deux camps qui s'ob-
servent avec des yeux inquiets, et sont prêts à se
mouvoir l'un contre l'autre aussitôt qu'une cause
imprévue en fera naître l'occasion.

La nécessité où se sont trouvés les habitans, de
se prononcer pour l'une ou pour l'autre de ces nuances, a fait disparaître le tiers-parti, ou *juste milieu,*
que l'on rencontre partout ailleurs.

La plupart des anciens nobles, la grande majorité des membres du clergé, et grand nombre de
paysans, sur lesquels ces deux classes exercent une
influence très réelle, sont disposés à tout entreprendre pour renverser l'ordre de choses établi. C'est
surtout envers la dynastie régnante que leur haine ne
connaît pas de bornes.

Le gouvernement a de nombreux amis dans les
départemens de l'Ouest. La masse des bons Français
y est bien supérieure aux partisans que la dernière
cour y conserve encore. Et cependant le gouvernement ne peut pas dire qu'il a droit de compter,
comme dans tout le reste de la France, quelques
parties du Midi exceptées, sur la presque totalité des
propriétaires, des industriels, des gens, enfin, dont
la position sociale réclame avant tout le maintien de
l'ordre.

Dans l'Ouest, la noblesse fait exception à cette
règle. Bien qu'intéressée, au moins devrait-on le
croire, à la sûreté des personnes et de la propriété,
qui ne peut reposer que sur la tranquillité publique,
on la trouve ardente à désirer des changemens, et

aguerrie contre les désastres qui suivent les secousses politiques.

Beaucoup de ces nobles et de leurs cliens occupent encore des places dans l'administration. Leur influence n'est point acquise au ministère; ils sont plutôt disposés à contrarier ses vues, ne fût-ce qu'en lui opposant une funeste inertie; et c'est ce que font les plus modérés d'entre eux.

Quelques tribunaux comptent parmi leurs membres des carlistes avoués. Le parti fait fond sur des dispositions qui lui sont bien connues.

Le crédit du clergé, si puissant sur les masses ignorantes, est à la disposition du système qu'il regrette, et sous l'empire duquel il s'est vu prêt à saisir la toute-puissance.

Le clergé possède encore à Bellefontaine, Maine-et-Loire, un établissement de trapistes, que l'on regarde comme un centre de direction des affaires du parti, depuis la dispersion des reclus de la Meilleraye. C'est dans ce saint lieu, consacré à une entière abnégation des pensées de ce monde, que s'ourdissent, dit-on, les trames qui agitent plusieurs arrondissemens.

Les départemens soumis à cette double influence, nobiliaire et sacerdotale, sont privés, dans quelques villes et dans une grande partie des communes rurales, de cette institution tutélaire qui, partout ailleurs, constitue la première force de l'État, et garantit la sûreté individuelle.

Là on n'a point osé organiser la garde nationale :

c'eût été donner des forces à l'insurrection. Ailleurs,
il a été impossible de lui faire prendre une constitu-
tion uniforme et compacte, parce que l'on n'eût
réussi qu'à armer les partis les uns contre les autres.

Si l'on ajoute à ces traits principaux du tableau
qu'offrent les départemens de l'Ouest d'autres faits
non moins graves, on restera pénétré de l'urgence
de remèdes prompts et efficaces.

Le mépris de la personne auguste du Roi constitutionnel est hautement professé ; le ministère est
blâmé dans tous ses actes; les carlistes mettent une
certaine gloriole à constater leur éloignement des
fonctionnaires fidèles à leurs devoirs : la société est
partout dans un état d'hostilité morale, qui peut dégénérer d'un moment à l'autre en attaques ouvertes.

Et pourtant, il faut en convenir, à travers tant de
causes de perturbations, l'état du pays n'est pas alar-
mant au point qu'il pourrait le paraître; et si ce n'é-
taient les crimes partiels, commis par quelques individus isolément ou réunis en petites bandes, on pourrait
se croire en parfaite tranquillité. Mais comme il n'est
pas permis de se faire illusion et de méconnaître les
germes d'une agitation générale prête à se faire jour,
il convient de profiter d'un moment de calme appa-
rent pour prévenir l'explosion que la moindre cause
peut faire éclater.

Le rassemblement de forces considérables sur le
territoire des départemens agités était une mesure
commandée par leur situation. Elle était sollicitée
par la majorité des magistrats et de la population ;

et l'on doit convenir qu'elle a prévenu beaucoup de malheurs. Mais, en les écartant, elle est loin d'en avoir détruit les causes; elle est loin surtout d'avoir rempli le but qu'on s'en était proposé, le retour à l'ordre.

Chez un grand nombre de familles des champs, on reçoit les soldats avec plaisir. Dans presque toutes ils se rendent utiles aux travaux de la campagne, ce qui leur procure quelques douceurs, telles, par exemple, que la table des cultivateurs dont ils partagent les fatigues. Leur présence empêche que les perturbateurs ne puissent former des réunions nombreuses, et répandre un plus grand nombre de calamités.

Mais, d'un autre côté, ce grand déploiement de troupes est inefficace contre un ennemi qui ne serait que méprisable s'il pouvait être atteint. L'impuissance de la force armée, quelle qu'en soit la cause, tend toujours à affaiblir le prestige dont l'autorité doit sans cesse être environnée. Il y a ensuite fatigue et danger pour la santé du soldat par l'effet de fréquens déplacemens, et charge de plus d'une sorte pour le pays, par suite des dépenses et des embarras qu'occasionent infailliblement à l'habitant la présence de gens de guerre.

On ne peut, d'ailleurs, se dissimuler les inconvéniens sérieux qu'il y aurait à faire résider la sûreté de toute une contrée dans l'emploi d'une armée entière, dont le besoin peut un jour se faire sentir ailleurs. Quels regrets ne se préparerait-on pas, s'il arrivait qu'on eût à redouter de voir cette sûreté compromise, par cela seul qu'on se trouverait forcé de rappeler la totalité ou même une partie de cette armée!

En résumant les faits établis ci-dessus, on trouve, 1° que l'autorité soutient avec des forces considérables, sans résultats décisifs, une lutte pénible contre quelques centaines d'individus, les uns scélérats consommés, les autres, conscrits égarés ou séduits, qui, favorisés par la nature du sol, perpétuent des désordres ruineux pour le pays qui en est le théâtre.

2° Que la portion carliste de la population vendéenne, retenue par la pensée que la paix ne sera pas troublée, dissimule en ce moment des projets qu'elle n'a jamais entièrement abandonnés, et qu'elle laissera indubitablement éclater s'il survient une rupture avec l'étranger.

(*Nota.*) Un illustre écrivain, dans une brochure récente, dit des chouans : *Un corps de troupe en campement, arme au bras.*

3° Qu'il y a défaut de prévoyance et péril à faire dépendre la tranquillité de l'Ouest de la présence d'une masse de troupes, que l'on peut être forcé, d'un moment à l'autre, de diriger sur d'autres points.

De l'exposé qui précède et des trois conséquences par lesquelles je l'ai terminé, je fis ressortir, à l'époque où j'écrivais, le résumé suivant qui fixe l'état politique de l'Ouest, et indique des mesures auxiliaires propres à compléter les dispositions déjà prises par le gouvernement. Je le donne tel que je le présentai.

*Résumé politique sur les départemens de l'Ouest. —*
*Situation des partis.*

« Les fauteurs des troubles de l'Ouest, restes ou
« continuateurs des anciens Vendéens ou chouans,
« déjà altérés par les déclarations du ministère à la
« tribune sur le maintien de la paix, ont été confon-
« dus par le protocole ou traité du 15 novembre, por-
« tant reconnaissance formelle du roi des Belges.

« La révolte, privée de cet appui, se concentre
« dans sept ou huit cents individus, réfractaires,
« vieux soldats de Charette et de Georges, ou forçats
« évadés.

« Le dégoût gagne journellement les conscrits.

« Les bandes sont arrêtées dans leurs déprédations
« par l'effet de la saison qui a découvert le pays; il y
« aura, espère-t-on, trève de crimes, jusqu'au retour
« de la floraison.

« Le parti anti-carliste se forme des deux nuances,
« nommées ailleurs *juste-milieu* et *libéraux.*

« Leur union est certaine contre les agitateurs.
« Ils se feraient fort de les réduire par leurs propres
« moyens, si on les laissait maîtres d'agir.

« Ces nuances se réuniraient encore avec une ar-
« deur égale contre l'ennemi extérieur.

« Les libéraux se recomposent d'eux-mêmes en
« *chasseurs à cheval de la Vendée.* Ce corps, formé
« de propriétaires, a rendu d'éminens services sous le
« commandement du général Travot. Il conviendrait
« de lui donner une existence légale.

« La gendarmerie et la troupe de ligne, station-
« nées dans la Vendée, servent avec zèle et intel-
« ligence.

« La grande masse des propriétaires soupire après
« le retour de la tranquillité. Ils sont prêts à seconder
« le gouvernement le jour où il manifestera l'inten-
« tion formelle de mettre un terme aux excès des agi-
« tateurs. »

### *Moyens d'action des carlistes.*

« Union de sentimens pour arriver au rétablisse-
« ment de la branche aînée des Bourbons.

« Union d'action , par des combinaisons étudiées et
« cimentées pendant quinze ans. En ce moment elles
« tiennent d'une part à Holy-Rood, et s'étendent de
« l'autre sur tout le midi de la France, avec des ra-
« mifications au-delà des Alpes et des Pyrénées.

« Correspondances établies entre tous ces points,
« au moyen desquelles les résolutions du parti se
« projettent avec une rare rapidité.

« Cotisations hebdomadaires ou mensuelles, qui
« n'atteignent que les gens aisés, et dont le produit est
« réparti en secours parmi les prolétaires de l'union
« carliste.

« Secours en argent, et au besoin en armes, mu-
« nitions et équipement, tirés de l'étranger pour l'exé-
« cution des grandes mesures.

« Appui de presque tout le haut clergé, et plus
« encore de la classe des curés et desservans.

« Connivence de quelques fonctionnaires nés dans
« les localités.

« Secret bien gardé entre les parties, parce que
« l'intérêt commun leur commande son inviolabilité. »

*Moyens auxiliaires légaux, à la disposition du*
*gouvernement.*

« Faire intercepter les correspondances carlistes,
« non lorsqu'elles sont transportées par la poste, ce
« serait affreux, mais quand elles circulent par des
« voies clandestines. Le but serait d'arriver à la con-
« naissance de leurs projets, pour ne frapper ensuite
« que des coups sûrs, sans écraser les troupes par des
« mouvemens vagues et incertains.

« Chercher à connaître d'avance les lieux, jours et
« heures de réunion des bandes pour les expéditions
« qui portent la désolation dans les campagnes.

« Obtenir par tout moyen praticable la séparation
« des réfractaires d'avec les autres chouans ou bri-
« gands, dans l'objet essentiel de retirer à ceux-ci
« l'appui et l'intérêt que les habitans ne leur ac-
« cordent qu'en faveur des conscrits.

« Cette séparation obtenue, et des notes statistiques
« personnelles recueillies à l'avance dans chaque lo-
« calité rurale, dans la vue de connaître les hommes
« habitués à faire partie des bandes, ainsi que les
« étrangers dont le séjour est suspect, procéder à une
« battue générale et spontanée. La saison qui a dé-
« pouillé la terre et les arbres de leur ornement favo-
« riserait cette recherche.

« Employer la séduction sous toutes les formes,
« pour détacher des conscrits, et même d'autres indi-
« vidus, de ces réunions illicites, dans l'objet d'en
« obtenir des révélations qui mettraient sur la trace
« des malfaiteurs, et qui feraient connaître leurs
« refuges ordinaires et leurs moyens d'exécution. »

*Autres moyens de pacification d'une exécution plus
lente.*

« Faire examiner si le creusement du canal projeté
« dans la Vendée est praticable, et dans l'affirmative
« faire commencer les travaux.

« Faire ouvrir les routes de 2ᵉ et 3ᵉ classe dont les
« projets ont été arrêtés.

« Répandre à force l'instruction primaire gratuite.

« Diminuer d'abord, supprimer ensuite les écoles
« des Frères de la doctrine chrétienne.

« Supprimer l'évêché de Luçon, érigé en contra-
« vention au concordat de 1801, et par suite les
« séminaires qui en relèvent. On accuse le titulaire
« de cet évêché d'y faire élever ses lévites dans la
« haine des institutions et de la maison régnante.

« Procéder à une épuration dans les fonctionnaires
« publics. Quelques-uns sont faibles, d'autres servent
« à contre-cœur la révolution de juillet. »

*Dissentiment entre les carlistes.*

« Tous les hommes de ce parti suivent la même
« bannière, mais tous ne sont pas d'accord sur le but
« auquel ils tendent et sur les moyens de l'atteindre.

« Les uns, ce sont les vétérans de la féodalité,
« veulent la royauté dans toute sa pureté et telle
« qu'elle existait avant la réunion des derniers états-
« généraux.

« Les autres, qui puisent leurs doctrines dans la
« *Gazette de France*, admettraient des modifications,
« mais sans renoncer au principe du droit divin. »

Telle était la situation des départemens dits de
l'Ouest, à la fin de l'année 1831. Ce tableau n'a rien
de chargé. S'est-elle améliorée dans les trois premiers
mois de 1832? Les faits prononcent la négative.

Le gouvernement a cependant redoublé de soins.
Un homme d'un patriotisme et d'une activité incontestables a remplacé un général distingué, que l'âge,
des infirmités, d'honorables blessures rendaient moins
propre à la vie active que réclame cette mission. De
nouvelles troupes ont renforcé l'armée qu'on y em-
ployait. Des fonds considérables et des moyens de
tous genres ont été consacrés à obtenir une pacification dont on sent plus que jamais le besoin.

Le ministère a fait, dans cette vue, tout ce que
son honneur, tout ce que l'intérêt de la France lui
prescrivait.

Il a résisté aux demandes de lois exceptionnelles ;
et en cela il a été guidé par un instinct habile; car il
eût, en les obtenant, satisfait au vœu le plus ardent
des carlistes.

Il y a eu un moment où ce parti, qui procède avec
un ensemble, une suite et une adresse remarquables,
a songé à provoquer lui-même des mesures de ri-

gueur. Il osait concevoir la pensée de faire concourir adroitement à ses vues et à leur insu les hommes
qui lui sont le plus opposés.

Son système ne manquait pas de justesse. Il voyait
de la tiédeur chez un grand nombre de ses partisans, qui s'accoutument à trouver la sécurité pour
leurs personnes, leurs familles et leurs propriétés,
bien préférable aux hasards des troubles civils. Il se
flattait que l'emploi des mesures exceptionnelles,
exécutées avec rigueur, troublerait cette sécurité due
à la douceur du gouvernement, et réveillerait les
haines et le besoin des vengeances.

La longanimité du ministère a déjoué ce calcul.

On a fait une sorte de crime au président du Conseil d'attacher de l'importance à l'élévation des cours
de la Bourse. Ce grief, ridicule en toute circonstance,
était souverainement injuste quant aux départemens
de l'Ouest. Il est de fait que le cours des rentes est
une sorte de boussole pour les meneurs de ces contrées. Les cotes des fonds publics sont consultées à
l'arrivée des courriers de Paris : sont-ils en hausse,
les espérances s'affaiblissent; y a-t-il eu baisse, tous
les fronts sont rassérénés.

On voit par ces deux circonstances, relatives, la
première aux mesures exceptionnelles, la seconde
aux fonds publics, combien on peut facilement s'é-
garer, lorsqu'on ne juge que sur des présomptions.

Quand le ministère repoussait les mesures, quand
il portait quelque intérêt à la prospérité des cours
publics, il ignorait quelle heureuse influence ses

résolutions à ce sujet avaient sur la Vendée. Ses détracteurs ne le savaient pas davantage, et cependant ils le blâmaient. C'était le hasard, dans ce cas, qui faisait que la critique était injuste, et que la chose critiquée était justifiée par sa convenance.

Que faut-il conclure de tout ceci? Que les informations sont incomplètes, parce qu'elles arrivent au ministre isolément, successivement et selon le plus ou moins de zèle et d'intelligence de ceux qui sont chargés de les transmettre. Qu'il devrait y avoir un système d'enquête générale qui appelât et centralisât les informations partielles, pour les contrôler et les fortifier par leur rapprochement, et servir à la formation d'un tableau réel de situation sur lequel l'autorité pourrait asseoir ses décisions. Qu'il y a, enfin, un vide immense dans l'action gouvernementale par l'absence d'une haute police.

Jamais on ne parviendra à pacifier l'Ouest du royaume, aussi long-temps qu'on se traînera dans les erremens suivis jusqu'à ce jour.

Si l'Ouest était en armes et présentait des forces réunies, que l'on pût atteindre et combattre, je concevrais l'emploi de cinquante mille hommes, et j'accorderais toute confiance à leur discipline, à leur bravoure, à leur patriotisme. Mais que peuvent ces corps, alors même qu'on les augmenterait encore, lorsque l'on n'a à lutter que contre un ennemi qui se dissimule sans cesse?

Quelques centaines d'individus tiennent, depuis

quinze mois, vingt régimens en échec et tourmentent un vaste territoire et une nombreuse population. Quel est le secret de cette résistance? Il ne faut pas beaucoup chercher pour le trouver. La sympathie de quelques habitans, la terreur du plus grand nombre, expliquent cette singulière position.

Les amis des chouans les servent dans leurs projets, les uns par des avis, les autres par leur silence. Combien n'arrive-t-il pas de cas où un cultivateur, battu et dépouillé, préfère nier les faits, à toute la satisfaction qu'il pourrait espérer s'il les avouait, parce que la vengeance qu'il aurait provoquée finirait tôt ou tard par retomber sur lui, sur sa famille ou sur ses propriétés!

Il faut donc chercher ailleurs que dans des mouvemens continuels et fatigans pour les troupes le mode à suivre pour réduire cet ennemi, qui échappe, par sa nature et par celle du pays, à toute attaque ouverte.

Pour trouver ce mode, il suffit de connaître la tactique des chouans; voici comment elle m'a été expliquée:

Dès qu'une expédition nocturne a été résolue entre quelques membres, chacun propose les hommes qu'il y croit propres et se charge de les faire prévenir.

Un lieu de dépôt, à portée des habitations qui doivent être exploitées, est convenu, et on le fait connaître aux chouans désignés. Ceux-ci doivent y

faire porter à l'avance les armes, munitions, traves-
tissemens dont ils présument avoir besoin.

Le jour fixé pour l'opération arrêtée leur est
connu. Chacun doit se régler sur ces données.

Ce jour arrivé, il ne faut pas croire que les initiés
se portent directement sur le lieu où ils trouveront
leur armement, et d'où ensuite ils doivent partir ensemble pour l'exécution du projet.

Ils se rendent d'abord, et dans leur costume ordinaire à un point intermédiaire, où ils prennent
langue et s'assurent que rien n'a été changé au plan
primitif; que nul avis ne l'a fait ajourner, comme
prématuré, ou contrarié par quelques circonstances
inattendues.

Observez que jusque-là ils n'ont couru aucun
risque, car ils ne sont point armés; rien ne dénote
en eux qu'ils aient un projet quelconque.

Arrivés à ce premier rendez-vous, si la partie
tient, alors ils vont s'armer et se travestir, et ils se
portent ensemble sur l'habitation désignée à leurs ra-
pines ou à leur vengeance.

L'expédition finie, ils regagnent le lieu de dépôt,
y laissent leurs armes, les habits qui pourraient les
faire reconnaître, et le butin autre que ce qu'ils
peuvent facilement cacher sur eux.

Chacun alors se disperse et regagne isolément son
gîte.

Il est facile sur ces données d'imaginer les mesures
qui peuvent réprimer tant d'audace, et ramener la
confiance parmi les habitans des campagnes.

Si les autorités locales et d'arrondissement sont à la hauteur de leur position, si elles ont eu la précaution de faire dresser des états de statistique personnelle de la population, elles doivent connaître quels sont, dans chaque canton, les meneurs de ces complots contre la propriété, et dès-lors parvenir à être informes à l'avance de ces réunions où les projets s'élaborent, où les mesures d'exécution sont arrêtées entre les affidés.

Quand on a acquis cette connaissance, les troupes, que l'on a ménagées, que l'on a laissées dans une inaction combinée pour inspirer de la sécurité aux malfaiteurs, peuvent être utilement employées à cerner les lieux de réunions et de dépôts, et à secourir les habitations menacées.

D'autres combinaisons, dont les habitudes locales et les circonstances doivent fournir l'idée, peuvent procurer la saisie des correspondances clandestines.

Une haute police bien entendue aurait à préparer les moyens d'obtenir ces résultats, elle s'entendrait avec l'autorité militaire, et par la précision de ses informations préviendrait les déplacemens et les marches inutiles qui fatiguent le soldat en pure perte.

La police actuelle pourrait servir à l'exécution des mesures de détails, qui seraient le complément nécessaire des dispositions générales arrêtées par la haute police.

Le chef qui dirige la division de police générale au ministère de l'intérieur, telle qu'on l'a faite depuis la révolution de juillet, a fait son éducation dans la surveillance de l'ordre public dans la capitale; il a passé par tous les emplois de ce service, il en connaît le fort et le faible : il a toujours passé pour habile dans les détails d'une surveillance qui s'attache aux individus.

La police de Paris a toujours été renommée par son adresse à rechercher et à découvrir les malfaiteurs. On a cité d'elle des traits remarquables en ce genre. Souvent des crimes médités dans le plus profond secret, contre la fortune et la vie de particuliers, ont été prévenus par sa vigilance. Rien n'égalait son habileté à découvrir un étranger que le gouvernement avait intérêt à trouver; à pénétrer les vues, les intentions, les opinions de tels individus qu'on lui désignait, etc.

Ce genre de police, dont l'utilité est incontestable au milieu d'une immense population, où le crime est sans cesse en conspiration flagrante contre la propriété, exige une vocation et des dispositions innées. Peu de caractères y sont propres. Il faut, comme dans la chirurgie, où la vue des cadavres soulève d'abord la sensibilité des élèves, surmonter des répugnances. Ici elles sont bien autrement graves, parce qu'elles sont morales. Mais aussi, quand on y a réussi, on devient précieux pour la société, que l'on peut purger de son rebut.

Je voudrais voir faire une utile application de ce genre de talent à la répression des odieuses tentatives que des brigands exercent contre les habitans des champs.

Ce ne serait point là de la haute police. Ce serait

une simple police de sûreté; mais elle a bien son mérite, puisqu'elle tend à garantir les intérêts les plus chers à l'homme, sa vie et sa fortune.

Quant à la haute police, qui a pour but de saisir et de juger les oscillations de l'esprit public, d'éclairer et d'entretenir l'opinion dans une direction favorable au bien de l'État, de deviner les besoins et de les signaler, d'appeler l'attention de l'autorité supérieure sur une foule de faits ou de circonstances qui peuvent échapper au ministre le plus capable, de rédiger des instructions circulaires pour l'exécution des ordres de l'autorité, de prévoir les intentions ou les mouvemens des partis, et de proposer les moyens de les combattre, etc., etc., cette tâche est au-dessus de la capacité de la police actuelle.

Il faut se décider à entrer dans une voie plus large, se résoudre à concevoir et admettre la haute police dans son acception purement politique, lui permettre de marcher sans intervention effective, et seulement comme auxiliaire de l'administration. Si l'on ne se décide pas à prendre cette résolution préalable, il faut renoncer à pacifier les départemens de l'Ouest, si ce n'est en y déployant la plus grande rigueur, obligation déplorable, qui répugnerait autant à la France qu'aux ministres dirigeans.

Il faut cependant prendre sans retard un parti décisif. On ne peut laisser plus long-temps sept ou huit départemens en souffrance. On ne peut tolérer encore l'existence dans l'intérieur d'un foyer aussi actif de troubles, qui peuvent dégénérer en guerre civile.

Les sacrifices d'argent, les efforts de l'administration, l'emploi de forces nombreuses, n'ont encore
produit aucun résultat efficace. Loin de là, le mal
s'est accru, en raison inverse des topiques qu'on lui
a appliqués. L'audace des agitateurs ne connaît plus
de bornes; et les craintes qu'ils inspirent aux cultivateurs en ont déjà forcé un certain nombre à chercher un refuge dans les villes.

En adoptant, dès ce moment, un bon système de
haute police, on peut arriver, avec le seul usage de
la loi, l'appui de la saine partie de la population et
le concours des autorités, à ramener le calme dans
les contrées de l'Ouest. En différant de prendre ce
parti, on n'a plus en perspective que l'emploi de la
force. Pourrait-on balancer entre ces deux systèmes?

# CHAPITRE V.

Lyon et le Midi de la France. — Troubles du mois de
novembre 1831. — Rapprochement entre la situation de
ces contrées et celles de l'Ouest du royaume. — Application de la haute police à cette situation.

A mon retour de la Vendée, je fus envoyé à Lyon.
Une insurrection y avait éclaté depuis une quinzaine
de jours.

Quant je quittai Paris, on n'était pas encore fixé
sur les causes de ce soulèvement, sur les ramifications
qu'on pouvait lui supposer, sur les mesures générales
qu'il convenait de prendre pour en prévenir le retour.

Mon illustre commettant voulait avoir, sur toutes
ces circonstances, comme il l'avait désiré pour la
Vendée, une opinion désintéressée qu'il pût comparer aux rapports officiels qu'il recevait de toutes parts.
L'autorité directrice, je l'ai déjà dit, ne saurait s'environner de trop de lumières, quand elle doit prononcer sur des questions aussi graves que celle, par
exemple, d'une révolte de la seconde ville du royaume.

Tout était calme à Lyon lorsque j'y arrivai. Le
prince royal, le ministre de la guerre et une partie
des troupes venues à leur suite en étaient reparties.

Les ouvriers étrangers à la ville la quittaient suc-

cessivement. On s'efforçait de donner de l'ouvrage
à ceux qui avaient leur domicile dans le pays; et
rien n'était négligé pour asseoir la tranquillité sur
des bases solides.

N'ayant autre chose à faire à Lyon que d'étudier
les événemens accomplis, d'en rechercher l'origine,
et de juger s'ils avaient été fortuits ou préparés par
une faction, je trouvai dans le calme qui avait succédé à l'agitation, et dans la tendance des habitans à
s'entretenir d'intérêts qui les touchaient d'aussi près,
les plus grandes facilités pour le succès des recherches auxquelles je devais me livrer.

La révolte de Lyon avait d'abord été signalée
comme un mouvement politique. Le ministère com-
battit cette pensée à la tribune. Il a été reconnu qu'il
était dans le vrai.

Le malaise de la classe ouvrière datait de loin;
on assure même qu'il remontait à un temps antérieur à la révolution de juillet.

On cesse d'en être surpris quand on considère
la diminution qui a dû survenir dans l'activité de la
fabrique de Lyon, par les variations du goût et des
modes, le resserrement des capitaux, la rivalité des
manufactures en soierie, créées dans plusieurs pays
étrangers, et notamment en Suisse, où la main-
d'œuvre est moins élevée qu'en France.

Cependant, alors que l'ouvrage diminuait à Lyon,
le nombre des ouvriers y augmentait : beaucoup de
ces industriels, ne trouvant pas à s'occuper ailleurs,

étaient accourus dans cette ville, où ils avaient es-
péré trouver de l'emploi.

On a accusé quelques jeunes manufacturiers d'a-
voir voulu profiter de cette influence pour obtenir
les façons à meilleur marché.

Un tarif, jugé nécessaire, fut arrêté sur les lieux
sans l'intervention du gouvernement, et devint le
signal du soulèvement de la classe qui croyait avoir
à s'en plaindre.

Le public a connu les détails de ce funeste événement; on a plaidé devant lui les causes auxquelles
on l'attribuait; la matière a été éclaircie autant qu'elle
pouvait l'être, lorsque chaque partie repoussait les
torts et les renvoyait à sa partie adverse.

Je n'étais point appelé à juger entre les conten-
dans. Ce qu'il m'importait d'apprendre, c'était si
l'intervention des partis politiques s'était montrée
dans cette affaire, et si l'affaire elle-même avait des
ramifications qui pussent faire craindre du retentissement sur d'autres points.

J'ai reconnu, et tous les gens de bonne foi l'ont
cru avec moi, que la révolte des ouvriers avait été
soudaine et fortuite. La misère d'un grand nombre
en fut l'unique stimulant, quoique l'on ait prétendu
que le travail ne manquait pas, et que de fortes
commandes arrivaient à Lyon, au moment même de
l'explosion.

D'abord, remarquez que *arriver* n'est pas *exister*.

Si les ouvriers avaient faim, il ne suffisait point
qu'il y eût de l'ouvrage de commandé, il fallait qu'il

leur fût distribué, pour que ce fait pût prévenir leur mécontentement.

D'ailleurs les circonstances de l'insurrection éloignaient même la possibilité d'attribuer le mouvement à des machinations de parti. La présence instantanée d'un drapeau blanc, qu'on dit avoir vu dans un groupe; quelques cris isolés de *vive l'Empereur*, de *vive la République*, peuvent bien signaler des tentatives extrinsèques, mais ne suffisent point pour constater une intention manifeste et partagée par un grand nombre d'individus.

Les ouvriers s'étaient concertés entre eux avant d'éclater. Ils avaient eu des réunions, dans lesquelles leurs griefs avaient été exposés et des mesures arrêtées. Si un parti politique eût dû intervenir, le moment aurait été propice; il pouvait jeter des affidés dans ces assemblées et y proposer sa bannière.

L'autorité n'ignorait point ces réunions; tout le monde s'attendait à un soulèvement. Le pouvoir n'a péché que par le mauvais choix de ses mesures. Il eût été moins embarrassé et plus décidé s'il avait appris qu'il y eût un levier et un but politiques dans le mouvement qu'il surveillait.

Il existe, c'est un fait constaté, parmi les ouvriers de Lyon, une sorte de confrérie qui, ainsi que dans beaucoup de villes du Midi, en réunit un certain nombre sous l'invocation de saint Joseph. Mais cette branche de la congrégation générale paraît avoir peu d'adeptes dans cette grande commune. Toujours est-il certain que son influence a été nulle dans les événemens de Lyon.

Il doit donc passer pour constant que des causes locales ont seules produit la révolte du mois de novembre dernier. Mais il ne s'ensuit pas qu'on doive être rassuré sur l'avenir, par l'inaction ou la faible participation de la politique à la perturbation du mois de novembre.

On retrouve à Lyon, comme dans le Midi, comme dans la Vendée, le parti carliste, fort, animé, actif, et s'appuyant sur une unité de vues et d'action qu'on chercherait en vain dans les opinions républicaines ou bonapartistes, chez lesquelles on n'aperçoit que des individualités.

Les chances en faveur des carlistes sont plus étendues à Lyon qu'elles ne le sont dans la Vendée. Je dois, au risque de me répéter, établir ici un parallèle entre ces deux points du royaume, dans la vue de rendre les situations respectives plus évidentes.

La Vendée n'a plus en elle-même les élémens qui y ont nourri une guerre sérieuse, sous la convention, le consulat et l'empire, et qui l'ont reproduite un moment dans les cent jours.

Le morcellement des propriétés du clergé et d'une partie des terres nobles, des défrichemens considérables, ont accru le nombre des possesseurs terriers. Dans ces derniers momens, les assurances de paix ont dissipé les espérances d'un grand nombre de carlistes, propriétaires et influens. Ceux-ci soupirent bien encore après le retour de la dynastie déchue;

mais ils n'ont plus à son service que des vœux, et peut-être de légers sacrifices d'argent. La branche aînée ne peut plus compter de leur part sur une coopération active; ils ont trop bien appris à apprécier les douceurs du repos et de la paisible possession de leurs biens.

L'insurrection ne vit aujourd'hui, dans la Vendée, que dans les quelques cents individus, vieux chouans, vagabonds et forçats, renforcés de quelques réfractaires, lesquels se réunissent de temps à autres pour le pillage ou pour exercer des vengeances. Encore le nombre de ces conscrits insoumis diminue-t-il journellement par des soumissions volontaires, que l'on pourrait rendre plus fréquentes et même totales, par les mesures indiquées dans le chapitre précédent.

Dans la Vendée, les autres nuances d'opinions sont trop dominées par l'influence de leur aversion contre la branche aînée de la maison royale pour que les hommes qui leur appartiennent puissent jamais sympathiser avec les individus qui professent sa légitimité.

Avec de si faibles élémens l'Ouest est encore un embarras très grave, mais ne peut donner d'inquiétudes majeures aussi long-temps que le système de paix sera maintenu.

Qu'on se reporte de ce point sur Lyon, et l'on jugera combien les chances y sont plus étendues pour l'agitation et ses conséquences.

Ce ne sont plus ici sept à huit cents perturbateurs

à surveiller ; ce sont 60,000 ouvriers, répartis entre cette ville et plusieurs grandes communes situées dans un rayon assez resserré, que le même malaise peut entraîner simultanément à la révolte, si quelque événement majeur suspendait l'activité des affaires.

Ce sont, parmi ces ouvriers, des opinions bien opposées, que la même cause, la détresse, peut réunir sous un seul drapeau quel qu'il soit, s'il leur offre la perspective d'un adoucissement à leur sort.

Ce sont des prêtres plus audacieux que dans l'Ouest, parce qu'ils puisent sans cesse de nouvelles excitations, au foyer de l'ultramontanisme.

Ce sont enfin des propriétaires, fanatiques de religion et de carlisme, altérés de vengeance, que des leçons pareilles à celles données autrefois aux nobles de la Vendée n'ont pas encore éclairés sur les malheurs des guerres civiles.

Joignez à cette somme de moyens l'appui que la Suisse, l'Italie, l'Espagne offrent à l'insurrection ; et vous aurez la mesure de l'immense supériorité des ressources qui sont à la disposition des meneurs de l'Est, sur celles qui restent à la révolte de l'Ouest.

La tranquillité, à quelques crimes isolés près, est rétablie dans la Vendée, et ne peut y être sérieusement troublée que par un concours de circonstances extraordinaires. A Lyon, l'ordre règne ; mais les élémens de discorde ne sont que comprimés.

Voyez, pour exemple, ce qui vient de se passer à Grenoble ; une cause futile a excité le plus violent orage. Là, encore, il a fallu un grand déploiement de forces pour rétablir l'ordre : ne valait-il pas mieux prévenir le trouble ?

On ne peut, sans de pénibles réflexions, considérer le grand nombre de troupes employées à protéger l'action du pouvoir sur les deux points opposés du royaume. Que des événemens pareils à ceux qui se sont manifestés à Lyon et à Grenoble éclatent dans le Midi ( et les dernières secousses éprouvées à Carcassonne, à Pésénas, à Nîmes, en sont d'assez évidens avant-coureurs ), et les soldats se trouveraient détournés de leur destination et convertis en garnisaires.

On ne peut remédier à cette funeste situation que par des mesures administratives. L'influence indirecte, inoffensive, inaperçue d'une haute police bien conduite, peut seule, par la direction qu'elle devrait savoir imprimer aux autorités civiles, suppléer à l'emploi de la force armée.

Pendant que les débris de la grande armée étaient épars sur les routes de la Russie et de la Pologne, il n'y avait pas 10,000 hommes, et encore tous de nouvelles levées, employés à contenir les peuples compris entre la mer du Nord, la Baltique et l'Oder.

Les dispositions de ces contrées étaient hostiles au dernier point contre la France. La haine d'une domination étrangère, le sentiment le plus vif d'un besoin d'indépendance, la soif d'une vengeance légitime, les excitations de l'Angleterre qui offrait des armes et de l'argent, étaient autant de stimulans du premier ordre dont l'explosion menaçait l'administration française. Cependant tout fut contenu par de bonnes mesures ; et la grande armée eut le temps de se rallier sur l'Elbe, où elle devait bientôt éprouver les plus grands désastres, parce que ses beaux jours étaient épuisés.

A ces faits, d'une notoriété incontestable, on vous répond : Les temps sont changés! Sous le régime impérial on pouvait tout se permettre ; on doit aujourd'hui respecter les droits du peuple, et se renfermer strictement dans le régime légal.

Mais qui donc propose de blesser ce respect, et de sortir de cette légalité ?

C'est d'une haute police, esclave des libertés créées par la Charte, que j'invoque l'action contre le débordement qui menace l'ordre public, et semble dirigé par l'étranger, jaloux de nos prospérités. Sa création, son existence, doivent être insensibles aux individus, et ne se révéler que par l'appui moral qu'elle fournira à l'autorité constituée. Un cas, un seul cas excepté, que je vais rendre sensible par un exemple, justifierait de sa part une action directe ; et encore ne pourrait-elle surgir que d'une délégation expresse de l'autorité souveraine.

Dans l'ordre constitutionnel un préfet est de droit et par destination chargé de la haute police dans son arrondissement. La loi a multiplié pour lui les moyens d'action. Il peut disposer de la force, mais il a un élément de succès plus puissant dans la persuasion.

Chacun de ses subordonnés lui doit obéissance et concours. C'est un devoir que chacun remplit sans répugnance, tandis que les mêmes agens ne se résignent qu'avec regret à une soumission et à une coopération semblable envers un délégué de la haute police.

Les comptes que doit exiger un préfet le tiennent sans cesse au courant des moindres événemens. Ce n'est en général qu'à force de soins, d'agens et d'argent, qu'un fonctionnaire, chargé uniquement de la police, peut parvenir à être instruit et à être obéi, parce qu'on recule à faire, sous cette inspiration, ce que l'un exécute sans balancer, quand le même ordre sort de la préfecture.

Enfin tous les citoyens s'empressent de donner à leur premier magistrat des avis officieux qu'ils n'oseraient porter à un délégué de la haute police.

Il y a donc inutilité et superfétation à placer dans les chefs-lieux de préfecture, Paris toujours excepté, des fonctionnaires, qu'on les nomme commissaires généraux, spéciaux ou centraux de police, qui relèvent d'un ministère ou d'une direction générale de ce nom et soient indépendans des préfets. Quelques ressources qu'on mît à la disposition de ceux-là, on resterait toujours en dessous des moyens que les lois, la nature des fonctions et la confiance publique accordent aux préfets.

Il n'en serait point ainsi s'il s'agissait d'environner d'une surveillance toute particulière un arrondissement formé de plusieurs départemens, à l'égard duquel des mesures générales deviendraient urgentes.

Supposons que le préfet de Vaucluse découvre

que des agitateurs se réunissent dans une commune
frontière de son ressort, et méditent un complot
contre l'ordre public. Il les fait surveiller, et par-
vient à pénétrer leurs plans; mais au moment où il va
donner l'ordre de se saisir de leurs personnes, parce
qu'il a obtenu des preuves suffisantes de leur culpa-
bilité, ces mêmes hommes, avertis ou agissant d'instinct, se réfugient dans le département des Bouches-
du-Rhône. Le préfet de Vaucluse est arrêté dans ses
démarches parce qu'il n'a pas le droit de suite ; il
faut qu'il en réfère à son collègue à Marseille. Que
celui-ci ne juge pas la chose aussi sérieuse qu'on l'a
cru à Avignon ; qu'il mette de l'hésitation dans ses
démarches ; qu'il n'agisse que mollement, tardive-
ment, ou le complot marche et éclate , ou les con-
spirateurs ont le temps de se soustraire à l'action de
la justice.

Dans un cas semblable , il est évident que l'intervention isolée de chaque préfet est incomplète et im-
puissante, et qu'il faut recourir à une disposition
plus étendue si l'on veut atteindre le but.

Les départemens de l'Ouest ont offert l'exemple et
l'application du cas et du moyen que je viens de signaler.

Un lieutenant général a été revêtu des fonctions
et des pouvoirs de commissaire extraordinaire de
haute police, à l'effet de remédier à l'insuffisance
des attributions des six ou huit préfets compris dans
l'arrondissement qu'on lui a confié.

Les résultats n'ont pas été complets. Qui faut-il

en accuser? Est-ce l'insuffisance des pouvoirs ou des moyens? est-ce la capacité du délégué extraordinaire du gouvernement? est-ce son zèle et son patriotisme? Rien de tout cela.

·C'est dans le vice même de la mesure qu'il faut chercher la cause de la nullité de ses résultats.

Que peuvent, je le répèterai, faire des troupes, quelque nombreuses qu'elles soient, contre des ombres fugitives, c'est l'épithète qui convient aux chouans, lesquels ne retrouvent un corps que pour agir loin de l'obstacle qu'on leur oppose, et se dissimulent dès qu'ils sont menacés d'être atteints?

Dans la Vendée, les causes de désordre résident dans des individus; à Lyon et dans le Midi, ce sont des masses qui l'ont produit partout où il a éclaté; et ce sera encore des masses que l'on retrouvera à chaque nouvelle émeute.

Ici des troupes seraient donc mieux employées que dans l'Ouest, parce qu'elles verraient au moins l'ennemi contre lequel on les dirige. Mais pourquoi s'astreindre à donner cette destination aux soldats, et leur faire un devoir de se mettre en hostilité avec les populations?

Si l'on veut parvenir, dans l'Ouest, à ramener le calme dans les campagnes, et éteindre les fermens de guerre civile que le parti carliste y entretient, on le peut sans moyens extraordinaires, pourvu que les préfets soient bien guidés dans les seules mesures de détails que nécessite, en ce moment, la nature des troubles qui agitent cette contrée.

S'il survenait une guerre étrangère, ces mesures
seraient sans efficacité décisive; l'intervention des
troupes deviendrait inévitable : jusque-là elles ne
doivent être qu'auxiliaires; le principal rôle appartient à l'administration, et l'on peut en diriger de
Paris tous les mouvemens.

Si l'on tient à prévenir de nouvelles émeutes à
Lyon, à Grenoble et dans le sud-est du royaume, il
y a encore moyen d'y parvenir par la voie administrative.

Dans ce cas, voici comment je concevrais cette
intervention; et, à coup sûr, sa marche n'aurait rien
d'illégal.

Il serait nommé un commissaire extraordinaire
civil, préposé à la surveillance de l'arrondissement
qu'on lui formerait.

L'ordonnance de nomination ferait connaître que
ce fonctionnaire n'aurait d'action directe dans les
affaires que par délégation expresse et instantanée.

Cette délégation lui serait attribuée par un ordre
télégraphique, ou par le réquisitoire motivé d'un
préfet.

A son arrivée dans son arrondissement, le commissaire extraordinaire se mettrait en rapport avec les
autorités; il en recevrait des communications sur tout
ce qui serait d'intérêt public.

Il ferait part à ces autorités des notions venues à
sa connaissance, lorsqu'elles seraient d'un intérêt direct à leur arrondissement respectif.

Il leur indiquerait les mesures dont il apprécierait

les besoins, dans le cas surtout où le concours de plusieurs d'entre elles deviendrait nécessaire, et où il y aurait besoin de simultanéité dans l'exécution.

Si un cas grave se présentait, le gouvernement l'autoriserait à déployer son caractère; il le pourrait encore sur la réquisition d'un préfet.

Dès ce moment, il serait chargé de la direction des mesures de haute police, et responsable dans toute l'acception du mot.

Le danger passé, ses pouvoirs cesseraient, et il rentrerait dans sa mission de simple surveillance.

On voit qu'en remaniant cette première pensée, on en arriverait à une combinaison qui pourrait procurer d'immenses résultats sans choquer aucune des idées reçues.

Mais osera-t-on envisager, sans prévention, l'idée de la création d'un système de haute police, lorsque l'opinion est si prononcée contre tout ce qui a trait à ce service? Que le vulgaire s'y refuse, on le conçoit; on conçoit même que cette répugnance lui soit naturelle.

L'autorité supérieure doit s'élever au-dessus des clameurs publiques, et voir les choses de plus haut. Qu'elle ose envisager les inextricables embarras dans lesquels elle est enferrée; qu'elle reconnaisse l'impuissance de ses efforts pour surmonter les antipathies, et le danger de n'avoir d'appui que dans une armée dont l'origine, les élémens et les inclinations sont populaires, elle sera forcée d'avouer qu'il y a obligation d'essayer d'une nouvelle combinaison.

Cette combinaison ne peut être autre que l'alliance intime et raisonnée de l'administration et de la
police.

Le mot police choque; qu'on l'efface. Qu'il y ait
une direction d'ordre public, sans signature et sans
existence indépendante. Ce n'est point un nouveau
pouvoir qu'il s'agit de créer. C'est une simple division
de l'intérieur, avec des attributions toutes morales,
comme le sera sa responsabilité.

Tous les préfets et chefs de service, dans toute
l'étendue du royaume, lui adresseront chaque jour
un tableau dont l'ordre sera tel, qu'il permettra à la
première vue de juger l'état réel de chaque arrondissement.

De la réunion de ces tableaux, le directeur com-
posera et offrira lui-même chaque jour au ministre
une situation exacte de l'ensemble du pays.

Chaque fait qui en sera susceptible sera accompagné d'une proposition, laquelle, approuvée, deviendra le texte de la correspondance de la direction
avec l'autorité qui en aura fourni le motif.

Voilà pour la partie matérielle et pour l'ordre de
service de la nouvelle direction. On doit concevoir
que par cette marche si simple, rien ne peut plus
être négligé, et que les préfets n'auront plus le droit
de se plaindre qu'on les laisse sans réponse.

Mais ce qui ne peut s'expliquer aussi facilement,
ce qui, surtout, ne peut être soumis à aucune règle
fixe, c'est le développement des impressions qui

doivent résulter de cet exposé journalier de la situation d'un vaste État.

Ce sont les lumières qui doivent jaillir de l'examen des faits, de leur comparaison, des conséquences que l'on peut tirer de leur isolement ou de leur homogénéité.

Ce sont enfin les mesures dont un examen attentif de ce travail doit fournir l'idée, en même temps qu'il permettra d'en préjuger l'effet.

Il ne doit jamais y avoir de proposition faite et de mesures prises en conséquence, sans que les instructions les plus claires et les plus précises n'accompagnent les ordres donnés.

La rédaction et l'envoi de ces instructions seraient déjà une amélioration immense à ce qui existe. Elle le serait moins encore que la constance et la ténacité à veiller à ce qu'elles reçoivent une exécution prompte et soutenue.

Combien de fois n'arrive-t-il pas que des dispositions prises ne reçoivent aucune suite, et finissent par tomber en désuétude? Rien n'est plus fatal et plus propre à affaiblir la considération due au pouvoir. Mieux vaudrait n'avoir point donné d'ordre; on ne s'en reposerait pas sur leur exécution; et, les besoins continuant à se faire sentir, on songerait à les satisfaire, tandis qu'on cesse de s'en occuper lorsque l'on croit y avoir pourvu.

Une institution pareille à celle dont les bases viennent d'être sommairement exposées, et dont le succès dépendrait de l'intelligence et de l'expérience de l'homme à qui on la confierait, manque à la France, manque surtout aux circonstances extraordinaires dans lesquelles elle se trouve placée.

Cette institution seule peut remplir un grand vide, et communiquer à toutes les branches de l'administration le nerf et l'activité sans lesquels la machine se traîne, mais ne marche pas.

# CHAPITRE VI.

## ALGER.

**L'état où de fausses vues ont amené cette nouvelle possession. — Moyens de la pacifier et de lui faire valoir tout ce que la France s'en était promis.**

Si dans l'intérieur du royaume il y a partout malaise, inquiétude, perturbation, au moins le mal et ses causes sont-ils connus et appréciés. Le remède existe, il ne s'agit que d'en faire une intelligente application.

Il en est tout autrement d'Alger. Là aussi, ce qu'on en sait, ce qu'on en apprend, signale du malaise, de l'inquiétude, de la perturbation. Mais le mal, ses causes et le remède, sont également ignorés.

On se dit maître d'Alger, parce qu'on tient la ville de ce nom, une enceinte nommée *Oran*, et peut-être un lieu dit *Casauba*, dépendant de *Bona*. On veut voir dans tout cela une colonie, et on lui consacre autant d'argent, de troupes et de matériel, que si l'on possédait réellement un territoire important et productif.

Une semblable illusion rappelle cette époque de découvertes dans le Nouveau-Monde où quelques

aventuriers abordant sur une plage inconnue, pre-
naient, de leur seule autorité et sans que personne
ne protestât, possession d'une immense étendue de
terres, au nom de la puissance dont ils portaient le
pavillon.

Que d'années n'a-t-il pas fallu pour que l'œuvre
des aventuriers devînt une réalité!

Alger serait-il destiné à une aussi lente, à une aussi
laborieuse croissance?

Mais ce pays n'était point une savane, asile ou re-
paire de sauvages, quand les Français y ont débar-
qué. C'est à une suite non interrompue de succès,
que la conquête du chef-lieu de l'État barbaresque et
celle de ses principaux points maritimes, Bona et
Oran, ont été dues. Les premiers pas du vainqueur
avaient fait augurer la possession successive de tout
le reste du pays.

Vingt et un mois se sont écoulés depuis la chute
du château de l'Empereur, qui mit fin à l'empire des
deys, et une foule de lettres peignent la position
d'Alger comme moins favorable qu'elle ne l'était
après le premier mois de l'occupation.

Il est vrai que ces lettres, dont plusieurs ont passé
sous mes yeux, écrites sous l'empire d'une triste conviction, sont combattues par d'autres lettres, en
moindre nombre, émanées de flatteurs du pouvoir
ou de spéculateurs intéressés. A en croire ces derniers, tout prospèrerait sur la côte africaine, où pourtant quatre mille colons expireraient de besoin, sans
les secours du gouvernement.

Mais la vérité se fait jour à travers ces coupables déceptions ; et il n'est plus permis, dans l'intérêt de la France et dans celui des particuliers, d'en étouffer les accens.

Il y a plus à faire, ou du moins il y a plus d'obstacles à surmonter aujourd'hui pour rendre la possession d'Alger effective et utile, qu'après le premier mois de l'occupation de cette ville.

En quittant les ports français, l'armée d'expédition semblait n'avoir eu pour mission que d'obtenir la réparation des torts de la régence envers la France, la destruction de la piraterie, l'affranchissement du joug honteux qui pesait depuis si long-temps sur la chrétienté.

Je le demande, cette tâche, tout à la fois nationale, européenne et chrétienne, n'a-t-elle pas été remplie ?

La France n'a-t-elle pas, en outre, vu tous ses frais couverts et au-delà, par les produits de la victoire ?

Ne s'est-elle pas trouvée maîtresse, au plus beau titre, de le possession la plus à sa convenance ?

En partant pour cette glorieuse croisade, chacun, satisfait de se voir appelé à contribuer à atteindre ces divers résultats, ne se demandait pas s'il y avait un avenir au-delà du but avoué de l'expédition. Rien n'indiquait le projet ultérieur d'une colonisation. Et cependant, dès que l'on fut maître d'Alger, toutes les pensées se tournèrent vers la consolidation de la conquête.

L'expulsion du dey et des Turcs faisait disparaître toute trace d'organisation civile.

Les populations qui demeuraient, nuancées par
des origines, des castes, des sectes, sans liaisons
entre elles, n'avaient eu jusqu'alors qu'un fait commun, celui de l'asservissement le plus complet au
maître dont la défaite délivrait le pays.

Il fallait substituer un ordre régulier au chaos
qui survivait à une révolution aussi complète. Il importait que les premières mesures adoptées par le
vainqueur témoignassent de la supériorité de ses
principes sur l'absurde système qui avait régné jusqu'alors. Il était enfin de la plus saine politique que
rien dans les innovations à introduire ne pût paraître outrageant pour les mœurs, les usages et les
préjugés des indigènes.

Toutes ces considérations furent consultées dans
le choix et l'assiette des premières mesures.

Des proclamations dictées par un esprit de con-
corde rassurèrent l'habitant sur ce qu'il avait de
plus cher.

Son domicile fut déclaré sacré. Aucun logement
ne fut assigné dans une maison musulmane. On n'a
dérogé à ce principe, religieusement observé par
Napoléon en Égypte, que lorsque le départ des Turcs
eut mis leurs maisons à la disposition de l'armée.

Une municipalité fut constituée et composée
d'hommes influens et portés au bien. Il y eut un
commissaire français près de ce corps, pour l'aider
de son expérience. On ne pouvait faire un meilleur

choix que celui de l'administrateur à qui cette mission fut dévolue.

Il fallait une caisse à la disposition du nouveau
corps municipal. On lui assigna les seuls revenus qui
fussent disponibles, le produit des droits perçus aux
portes sur les comestibles ( manière d'octroi ), et celui de la vente du sel au détail.

La police proprement dite, *municipale et de sûreté,* fut organisée et confiée, sous la surveillance
d'un lieutenant général de police à un inspecteur,
aidé de trois commissaires de police et d'une garde
de sûreté, composée de naturels du pays.

Les bases d'une administration du domaine public furent posées.

On institua un service de douanes.

On soumit les Juifs à un régime qu'ils avaient sollicité et qui sembla devoir être en harmonie avec
leurs précédens.

Ces trois dernières parties restèrent seules en ar-
rière des progrès que firent, dès leur aurore, les autres créations.

Pour le domaine, cela tint à l'impossibilité de faire
des actes de prise de possession. On dut s'en tenir à
compulser des registres, consulter la notoriété publique et faire des actes conservateurs.

A l'égard de la douane, les élemens et les connaissances théoriques manquaient ; il n'y eut rien d'ac-
compli.

Quant aux Juifs, comme ce peuple, à quelques
exceptions près, était à Alger au-dessous même de

ce qu'on le voit dans tous les autres États musulmans, circonstance due à l'horrible tyrannie qu'il subissait dans cette régence, la mesure qui avait pour objet de les discipliner fut totalement manquée.

Ces bases préliminaires d'ordre public, introduites dans le courant de juillet (Alger s'était rendu le 5 dudit mois) furent suivies d'autres dispositions, les unes d'équité, les autres de bonne prévoyance.

Ainsi, par exemple, il fut créé un conseil de curatelle aux biens vacans, pour soigner les intérêts des Turcs expulsés, et celui des femmes et des enfans qu'ils laissaient après eux.

Les biens des mosquées et les fondations pieuses furent placés sous la surveillance d'une commission composée des chefs de la religion et de la loi, et de notables disciples du prophète.

Un dispensaire de santé fut organisé.

Quelque utile que dussent être ces trois créations, n'ayant point été comprises par ceux à qui il échut plus tard d'en favoriser le développement, elles tombèrent en désuétude.

En faisant cette énumération, je n'entends parler que des institutions civiles implantées à Alger dès l'entrée des Français, pour remplir le vide que laissait l'expulsion des Turcs, entre les mains desquels se trouvait concentrée, sans lois ni règlemens, mais par le seul empire de la coutume, toute l'action gouvernementale.

Les établissemens militaires marchaient avec une activité encore plus grande.

Ainsi l'on avait vu des hôpitaux, des casernes, des manutentions s'élever comme par enchantement.

On ouvrait des communications, on faisait de nouveaux travaux de défense, on réparait les anciens. Rien n'égalait l'activité et la rare intelligence du génie et de l'artillerie.

Pour apprécier la somme et l'utilité de ce prodigieux développement de créations, il suffit de considérer que tout était à faire, et que, loin d'être maître de trancher, comme on pourrait le tenter, sans inconvéniens, dans un pays absolument neuf, on avait ici à ménager une population susceptible et irritable, dont il était politique de gagner la confiance, si l'on voulait pouvoir, plus tard, s'établir solidement sur les lieux.

Dirai-je un mot de moi au milieu de tant d'intérêts majeurs? Je le dois, parce que les injustices dont on m'a abreuvé, si elles n'étaient rendues palpables par un récit sincère de ce qui me concerne, laisseraient croire que j'ai été au-dessous des fonctions qui m'étaient attribuées, ou que j'ai commis de graves erreurs dans ma conduite.

J'avais, comme j'ai déjà eu occasion de le dire dans le cours de ces Mémoires, fourni à Paris des renseignemens, et recueilli à Tunis, où je fus envoyé deux mois avant le départ de l'expédition de Toulon, d'autres documens qui furent de quelque utilité.

Le général en chef voulut bien, au moment de la prise d'Alger, me nommer membre de la commission de gouvernement, et me charger spécialement de la haute police du pays.

En ma première qualité, je prenais part aux travaux généraux de l'organisation locale. Mais j'avais compris la seconde partie de ma mission tout autrement qu'on ne l'a fait à Paris quand on m'y a remplacé, en ne faisant nulle mention de moi dans le nouveau cadre d'organisation.

On s'y était figuré qu'il fallait à Alger un agent spécial de police, avec des attributions semblables à celles qu'on lui donne en Europe, quand il est chargé de surveiller les détails de la police municipale, boues, lanternes, prisons, ordre dans les marchés, filles publiques, etc., etc., et qu'il doit encore prévenir les attentats contre la sûreté des individus et des propriétés.

On nomma un commissaire général de police, emploi qui n'eut que quelques jours d'existence, car son inutilité fut immédiatement constatée. Qu'étaient en effet les soins d'une police, réduite à ces termes, dans une ville dont l'étendue peut se comparer à celle des îles de la Cité et de Saint-Louis réunies, avec une population qui ne dépassait pas alors vingt mille âmes? Ces attributions appartenaient d'ailleurs en grande partie au corps municipal; celles-ci lui furent rendues, et le surplus fut remis au grand prevôt de l'armée.

D'autres devoirs étaient imposés à l'emploi de lieutenant général de police que m'avait confié le général en chef. Ils étaient tous intellectuels, et avaient pour but essentiel l'action à exercer sur l'esprit des populations. Je les ai exposés dans le chapitre II.

Le principal était de préparer la soumission du territoire, impossible à obtenir par la seule force des armes, praticable seulement par la voie de la persuasion. Dans cette vue, une étude approfondie des mœurs, des usages, des intérêts des indigènes, devait devancer et dominer toute autre occupation.

J'avais préludé à cette étude, pendant l'expédition d'Égypte, par un séjour de trois ans en Orient, dans les positions les plus variées et successivement au milieu d'hommes de tous états, dont quelques-uns étaient renommés pour avoir une connaissance parfaite des peuples orientaux. Ces antécédens me facilitèrent les recherches auxquelles je dus me livrer.

Je pus donc présenter au général en chef des projets appuyés sur des données certaines, tels que celui qui devait amener promptement, avec de grands avantages pour la France, la pacification des deux tiers des domaines de l'ancien dey, et préparer la soumission du surplus, à qui l'on aurait pu dès lors appliquer la totalité des soins et des ressources qu'il faudra répartir à présent sur l'ensemble du territoire.

Ce plan fut goûté par le général en chef, qui l'approuva après mûre délibération, et préluda à son exécution par l'envoi d'une brigade à Bona. Il a été adopté depuis par M. le maréchal Clausel, qui en a fait la base de son système politique.

Je n'ai point à m'occuper des causes qui ont fait échouer ce projet et détruit tout le bénéfice de ce

qui avait été préparé pour faire d'Alger une possession aussi importante que productive.

Ce qu'il faut rechercher, c'est la cause de cette
impuissance qui semble inhérente à la France, quand
elle veut entreprendre de fonder des colonies, et que
le dernier essai sur Alger n'a que trop confirmé.

J'ai déjà traité à fond, bien qu'avec économie de
détails, cette question dans le Sténographe des chambres de septembre 1831. Je ne reproduirai pas exactement ici ce que je disais alors, quoique pas un seul
fait, pas un seul principe n'ait été démenti par les
événemens. J'arriverai à la démonstration que je
cherche, sans être obligé de me répéter servilement.

Quand il fut question, en 1830, de diriger une
expédition sur l'Afrique pour punir un ennemi dé-
loyal, le rendre incapable de nuire et assurer la navigation dans la mer Méditerranée, cette mission dut
appartenir au ministère de la guerre ; il l'a complète-
ment remplie.

Mais du jour où les succès obtenus par le concours
des forces de terre et de mer eurent ouvert un dé-
bouché nouveau au commerce, à l'industrie, à l'a-
griculture, on aurait dû s'apercevoir que la chose
changeait de nature, et qu'à une carrière de gloire
devait succéder un système de conservation et de pro-
duction. La tâche de l'accomplir appartenait dès ce
moment au ministère de l'intérieur.

On méconnut ce principe. Ce fut l'erreur du gouvernement de juillet, qui, trouvant la conquête ac-
complie, n'avait plus qu'à la régulariser dans les

intérêts matériels et productifs de la métropole.

Il y eut donc une grande faute de commise, en laissant Alger dans les attributions spéciales du ministère de la guerre. Ce département subjugue, défend et conserve; voilà ses véritables élémens.

Il est régi par des règlemens et des traditions dont il ne s'écarte jamais. Toutes ses mesures sont réglées sur les mêmes patrons. Dans quelque point du globe qu'il opère, des erremens consacrés sont suivis.

S'il doit s'établir quelque part, il ne consulte que ses convenances dans la disposition et l'assiette de ses dispositions. Que lui importent les démolitions, la destruction même, si la sûreté de ses postes exige ces sacrifices?

S'il doit vivre des ressources locales, c'est par des réquisitions, auxquelles toute résistance est impossible, et que nulle considération ne peut tempérer, qu'il pourvoit à ses besoins. Partout l'emploi de la force est son argument unique.

Telle est la condition expresse de l'intervention militaire. Elle est de rigueur; elle est inévitable. On ne concevrait pas la possibilité de garantir l'existence, la marche et la sûreté des armées, hors et loin de leur territoire, sans le droit inhérent à leur nature, de pourvoir elles-mêmes à leurs nécessités de tous genres.

Aussi les instructions innées, celles qui ne se donnent pas, parce qu'elles sont forcées de leur nature, sont, avant tout : Vivez et procurez-vous tout ce qui vous est nécessaire.

On conçoit ce système dans les guerres d'invasion, lorsque le séjour dans les pays conquis doit être temporaire. Mais il est inapplicable et funeste lorsqu'il s'agit de conquêtes dont on prévoit, dont on a le droit d'exiger la conservation.

Le ministère du 13 mars a senti cette nuance relativement à la position d'Alger. Il s'est décidé, un peu tard il est vrai, à rentrer dans les vrais principes, en reportant à l'intérieur l'administration de la conquête; et l'on ne peut qu'applaudir au choix fait en la personne de M. Lasnier pour en diriger le mouvement, sous l'influence de M. le président du Conseil.

Dans les questions qui sortent de l'ordre commun, et lorsque les matières sont inconnues, à peu près au même degré, par tous ceux qui pourraient être appelés à les traiter, il faut un tact particulier pour reconnaître l'aptitude à les bien saisir. M. Casimir Perrier en a montré beaucoup dans cette circonstance.

Mais que de maux à réparer par l'effet des principes vicieux suivis après la révolution de juillet!

En applaudissant au choix qui fut fait, après cette révolution, d'un général très marquant pour le gouvernement de la nouvelle possession, on oublia la part intellectuelle que l'administration civile devait apporter à l'exécution des mesures que sa prévoyance lui suggèrerait.

Il était difficile de donner au nouveau chef un cor-tége administratif moins en harmonie avec le genre d'aptitude que réclamait un pays aussi peu connu. Avec son ardent amour pour le bien, quels immenses résultats n'eût-il point obtenus s'il eût été secondé par l'administration civile! Je ne crains pas de le dire, parce que j'ai eu le temps d'en juger, les plus lumineuses pensées devaient échouer devant une ignorance aussi complète des matériaux à mettre en œuvre.

L'administration militaire marcha avec toute la régularité désirable; les troupes furent pourvues, soignées, payées, aussi bien, et peut-être mieux, que dans des positions bien moins difficiles.

Il y eut toujours ordre parfait; il y eut même amélioration successive dans les services du génie et de l'artillerie, et dans le système des hôpitaux et des manutentions.

Tout cela devait nécessairement résulter de l'im-pulsion supérieure, de la profusion des talens et du zèle de tous. Mais quel désolant contraste, si l'on s'arrête aux détails administratifs, dans tout ce qui tenait aux rapports des agens français avec les indi-gènes !

Avant de faire à Paris des choix pour les divers emplois qu'il s'agissait de faire occuper à Alger, on ne s'était pas demandé quelles conditions devaient se rencontrer dans les candidats, et si ceux qui se pré-sentaient avaient des connaissances spéciales dans telle ou telle partie de l'administration publique.

On avait surtout oublié de calculer le danger de mettre en contact journalier, avec des peuplades qu'il importait tant de ménager, des individus totalement étrangers à leurs préjugés, à leurs intérêts.

Le triste état dans lequel la colonie est tombée, le gaspillage de vingt et un mois écoulés depuis la conquête, la désaffection des indigènes devenue une haine violente, toutes les dépenses faites en pure perte, l'affaiblissement de la considération que la victoire avait imprimée au nom français, sont autant d'échecs notables, qui doivent être imputés à l'administration civile; car, on ne saurait trop le redire, la partie militaire a toujours été traitée avec talent.

On ne peut pas envelopper dans ce reproche la nouvelle intendance civile; elle est à peine en activité : elle a tout à réparer. On ne devra la juger que sur ses œuvres.

Je ne citerai aucun des faits venus à ma connaissance, qui seraient de nature à établir avec une évidence irrésistible que les bévues administratives ont constamment paralysé les mesures prises pour l'amélioration de la situation d'Alger : les résultats en disent plus que tous les détails dans lesquels on pourrait entrer.

Mais ce que je proclamerai hautement, et avec l'assurance que cette opinion deviendra chaque jour plus vraie, c'est que l'on n'est nullement sur la voie de remédier au mal opéré, et de préparer un meilleur avenir.

Aussi long-temps que l'on s'abusera sur l'état réel

de ce pays; qu'on ne voudra le considérer que comme une contrée susceptible d'être régie par les moyens applicables aux peuples civilisés; qu'on se fascinera les yeux au point de se persuader qu'il y a convenance et profit dans le coup de main vigoureusement exécuté sur Bona, comme le télégraphe l'annonçait hier ( 15 avril), avec une certaine emphase, parce qu'elle nous met en possession d'une bicoque isolée, sans consistance, ni dépendance, ni population, je dirai qu'on ne comprend point Alger, et que c'est pitié d'en entretenir le public.

Vous avez à surmonter dans ce pays, 1° l'état nomade d'une partie de la population; 2° les habitudes et les préjugés des indigènes; 3° les répugnances religieuses.

La possession des villes, sans celle du territoire qui les environne et les sépare, ne vous donnerait que des possessions sans liaisons entre elles, dans lesquelles vous vous trouveriez en quelque sorte assiégés, au milieu d'habitans affamés comme vous le seriez vous-mêmes. L'état de contrainte continuelle où ils se trouveraient, sans commerce, sans industrie, sans culture, car tout cela serait devenu impossible, les soulèverait bientôt contre vos garnisons.

Vous ne pourriez communiquer d'un point à un autre que par de forts détachemens; et il serait rare que vos convois parvinssent à leur destination sans être morcelés, à cause de l'absence de toute communication viable.

Cette situation est déjà celle des trois points occupés, Alger, Oran et Bona, dont on peut dire qu'ils n'ont pas de dehors. Heureusement que la voie de mer leur est ouverte : comment autrement y subsiste-rait-on ?

J'ai dit qu'on avait d'abord à surmonter l'état nomade d'une grande partie de la population ; on vient de voir quel est l'effet, quelles sont les conséquences de l'état d'hostilité où l'on se trouve vis-à-vis d'elle, relativement aux villes occupées.

Comment remédier à cet isolement environné de tant de périls? Partout ailleurs ce serait en mettant des troupes en campagne et en obtenant, par le châtiment et par la réduction de ceux qui habitent la plaine, la sûreté des routes et celle des cultivateurs.

A Alger ce moyen n'est pas praticable ; il n'est pas au moins d'un résultat certain. Ceux qui troublent la voie publique, ceux qui peuvent pousser leurs déprédations jusqu'aux portes des villes et venir égorger le paisible laboureur, sous la protection même d'un poste voisin, ne sont pas faciles à atteindre.

Pendant que des détachemens parcourraient tous les lieux où la présence des maraudeurs serait signalée, et ce serait sur une infinité de points à la fois, quelques uns de ceux-ci pourraient toujours se jeter sur les derrières des troupes, et venir piller les lieux d'où elles se seraient momentanément éloignées. En se dispersant, chacun de ces hommes pourra choisir sa victime et l'atteindre d'un coup de fusil, en arrivant jusqu'à elle à l'abri d'une haie.

La faculté de fuir reste toujours ouverte à l'assaillant, grâce à son cheval d'une grande vitesse et fait à la nature du sol.

Quand on connaît les avantages dont la nature a pourvu l'habitant du désert pour une guerre de partisans, on ne peut admettre la possibilité de le réduire par l'emploi seul de la force; et la raison, c'est qu'il est insaisissable et qu'il a toujours le moyen de se dérober à la vengeance qu'on voudrait en tirer.

J'ai dit qu'en second lieu on avait à surmonter les habitudes et les préjugés des indigènes. L'assertion est fondée.

Rien n'exigeait plus de modération et de délicatesse que l'élaboration des institutions à importer dans les états ci-devant barbaresques.

Ce ne devait être qu'après un mûr examen de l'impression qu'elles devaient produire sur des esprits prévenus qu'on pouvait se déterminer à les rendre exécutoires. Par trop de précipitation, de zèle ou d'ignorance, on a commis les plus grandes fautes en ce genre. Il serait fastidieux de les énumérer.

Quand j'ai eu l'honneur, dans les premiers temps de l'occupation, d'adresser au général qui m'avait accordé sa confiance, des propositions ayant pour objet l'organisation de quelque partie du service public, j'ai toujours eu l'attention d'en faire précéder l'exposé de considérations tendantes à établir qu'elles ne choquaient pas d'une manière trop sensible les usages reçus. Je n'ai jamais négligé d'offrir des termes de comparaison avec ce qui existait en Orient, ou de puiser des analogies dans ce qui avait été pratiqué en Égypte. J'arrivais ainsi à établir qu'une proposition était convenable et sans inconvénient; ce n'était pourtant qu'après le plus mûr examen que le général en chef y donnait son adhésion.

Je citerai à ce sujet l'établissement d'un dispensaire de santé qui eut lieu sous son gouvernement. C'était toucher une corde sensible que celle de vouloir astreindre des femmes musulmanes à un régime de visite. Bien que, par le relâchement de leurs mœurs, celles dont il s'agissait semblassent avoir perdu le caractère sacré que leur confère la loi du prophète, le préjugé les protégeait encore. J'ai fait connaître, dans la Revue de Paris du mois d'avril 1831, tome 23, 3ᵉ cahier, les difficultés qu'il fallut vaincre pour parvenir à garantir les jeunes soldats de l'expédition, d'un contact funeste.

Cette fondation, à ce que j'ai su, n'a eu que peu ou point de succès. L'agent civil qui devait veiller à son maintien ne l'avait point comprise.

Il ne paraît pas que l'on ait fait encore de grands progrès dans l'art de savoir respecter les préjugés locaux. J'ai vu des lettres qui prouvent qu'on a même poussé le mépris de principes populaires dans tout l'Orient au-delà de toutes les bornes, à l'occasion de cette tyrannique et impolitique réquisition de laines, dont le ministère s'est empressé de faire justice.

Des garnisaires, disent ces lettres, écrites avec amertume et indignation et pourtant avec une certaine résignation, ont eu ordre de violer les harems, et de s'y établir jusqu'à entier paiement des cotes individuelles. C'est par ce moyen inouï, et de nature à faire frémir de honte et de rage, partout où le culte musulman est pratiqué, que l'on est parvenu à arracher une partie de cette contribution en argent, à défaut de laines qui n'existaient pas sur les lieux.

Qu'il fut bien inspiré le ministre qui comprit le premier le délire de cette mesure, propre à elle seule à reculer indéfiniment l'amalgame des indigènes avec les vainqueurs !

J'ai annoncé en troisième lieu qu'on avait à surmonter les répugnances religieuses.

Ce point se confond en quelque sorte avec celui qui précède, tant il y a de liaison, chez les Orientaux, entre les préjugés sociaux et les idées religieuses. Il mérite cependant quelques développemens.

J'ai dit plus haut qu'il était de l'essence et de la nécessité de l'autorité militaire de consulter, avant toute autre considération, les besoins du service, et, dès qu'ils étaient constatés, d'en satisfaire les exigences.

Je vais citer un fait qui prouvera combien cette position peut exercer d'empire sur les résolutions d'un général d'armée.

La configuration d'Alger, les exiguës dimensions du terrain laissé à son parcours, voulaient, pour que l'on pût transformer cette ville en place de guerre, que l'on y pratiquât des communications faciles, et que l'on s'y procurât une place d'armes.

Pour remplir ce dernier but, il fallait sacrifier une

belle mosquée à laquelle la vénération publique at-
tachait de grandes vertus: le sacrifice fut résolu. Ce
plan projeté sous le premier gouverneur fut admis,
commencé et poussé vivement sous le second , et
continué par ses successeurs.

Il y avait besoin réel, urgence reconnue dans cette
entreprise, si délicate à tenter au milieu d'un peuple
fanatique; on ne vit et on ne dut pas voir autre
chose. Mais l'effet moral en fut funeste, non-seulement dans l'enceinte de la ville, mais au dehors, où
il se propagea avec une célérité incroyable.

J'ai vu des lettres de Maroc à l'Ouest, de Tunis
et d'Alexandrie à l'Est, dans lesquelles on déplorait
cet événement. On le présentait comme un pronostic
certain de l'intention des Français de saper la religion du prophète jusque dans ses bases.

Qui oserait cependant, parmi nous, blâmer une
mesure de laquelle pouvait dépendre un jour la conservation du chef-lieu de l'établissement en Afrique?

Je ne cite ce fait que pour prouver la puissance
des idées religieuses, puisqu'un seul événement de
cette nature a pu exciter autant de défiance contre
le vainqueur.

Dans le sacrifice de cette mosquée, il y avait, je
le répète, obligation absolue. Mais que dire de faits
presque aussi graves, qu'il était facile d'éviter et qui
devaient, plus que tout autre événement, aliéner
à la France, dès le début de l'occupation, l'esprit
des masses indigènes? J'entends parler ici de la prépondérance qu'on laissa prendre aux Juifs, à un sur-

tout, qui avait été la première cause de la guerre avec Alger.

Cette erreur fut commise dans sa plus grande étendue. Elle occasiona beaucoup de scandale, entraîna l'éloignement d'un grand nombre de familles maures opulentes, et fut l'unique cause des reproches faits à l'armée conquérante, que l'on a si méchamment grossis, dans l'intention malveillante d'atténuer l'éclat de sa victoire.

Une funeste opinion avait fait prévaloir le triomphe de cet Israélite sur tout ce qui fut dit et démontré pour en signaler le danger.

Cet homme exerçait une grande influence sur ses co-religionnaires, en les guidant au pillage, et en devenant leur défenseur toutes les fois que des plaintes s'élevaient contre eux. On ne vit que cette influence ; et au lieu de l'apercevoir concentrée comme elle l'était effectivement, au milieu de ce peuple avili, on se persuada qu'elle s'étendait sur toutes les populations. L'erreur provenait de ce que les Turcs prisonniers de guerre et les Maures, hommes peu communicatifs, ne se montraient pas pour la combattre. Il parut très politique de s'emparer de cette influence et de la rendre utile à l'armée.

Partout ailleurs que chez des peuples orientaux cette pensée eût été juste ; mais on ne réfléchissait pas à quel point les Juifs étaient en horreur aux Musulmans.

L'Israélite dont je parle a causé bien des maux. Il

avait été jugé par **M.** le maréchal Clausel, qui l'avait éloigné des affaires, malgré tous les ressorts que l'on avait fait jouer pour lui conserver dans le pays une prépondérance dont il avait si étrangement abusé pendant les six premières semaines de la conquête.

**M.** le général Berthezène, qui avait voulu, alors qu'il commandait la première division de l'armée, le faire punir pour plusieurs de ses actes, s'était bien gardé de lui laisser jouer un rôle quelconque quand il eut le commandement en chef.

On a donc eu le temps de l'apprécier, et cependant on se sert encore de lui.

Il paraîtrait, d'après des avis récens, que ce Juif a été un des commissaires et vraisemblablement l'instigateur de la réquisition des laines. Ce serait lui, suivant ces mêmes avis, adressés à un particulier intéressé à être exactement informé de ses faits et gestes, qui aurait conseillé la profanation des harems, certain d'arracher par cette violence, inouïe dans les fastes ottomans, le paiement de cette contribution, qui, comme on l'a vu, a été exigée en numéraire.

Il reste constant, d'après tout ce qui précède, que la question algérienne n'est pas encore vue dans son véritable jour.

Elle se présente sous deux faces : tient-on à posséder sur la côte d'Afrique trois points isolés sans dépendances ni appartenances, et seulement comme des positions militaires? Dans ce cas, le but est rempli.

Alger, Oran, la Casauba-de-Bona, sont des postes armés, dont on peut augmenter les défenses de manière à les rendre propres à une longue résistance contre les forces qui pourraient les attaquer; mais ils sont sans importance dans le système général de l'Europe. Ces points peuvent encore être considérés comme des ports de refuge contre certains vents, pour des vaisseaux battus par la tempête. Ils seraient d'une douteuse ressource pour une escadre défaite, ou poursuivie par un ennemi supérieur.

Mais alors, qu'on ne parle plus de coloniser, et qu'on ne cesse point de faire fond, pour subsister, sur les arrivages par mer; car il dépendra toujours du caprice des indigènes d'interrompre les approvisionnemens par voie de terre.

On devra encore renoncer à toute culture, parce qu'il n'y aura jamais sûreté pour les travaux et pour les récoltes ; à toute relation commerciale, attendu qu'il n'en est pas de possible dans l'état d'hostilités; à toute idée d'amélioration, car les limites resteront ce qu'elles sont en ce moment.

Admettant donc que toutes les vues sur Alger se bornent à la possession des trois points indiqués ci-dessus, il n'y a plus autre chose à faire que de continuer à alimenter à grands frais ces établissemens.

Mais alors à quoi bon certaines mesures et dépenses, qui peuvent faire préjuger d'autres projets? Pourquoi continuer à favoriser l'arrivée de nouveaux colons? pourquoi bercer les premiers débarqués d'espérances qu'on ne saurait réaliser ?

( 135 )

Si au contraire les vues du gouvernement s'élè-
vent à la hauteur de l'immense avenir que présente
une possession pareille, placée si à portée des côtes
méridionales du royaume; s'il a l'intention d'en saisir
tous les avantages; s'il n'est pas lié par sa politique,
qu'on se décide donc enfin à sortir, une bonne fois,
de la fausse route dans laquelle on est engagé.

Pour que la France puisse tirer de sa conquête
tous les avantages que l'on s'en est promis, il faut,
avant tout, que la soumission des habitans soit
réelle.

Sans soumission préalable, point de culture, point
de commerce, point de colonisation possible.

Avec l'emploi exclusif de la force, nulle chance
fondée d'arriver à réduire des peuplades nomades.

Ces faits sont reconnus, et une expérience de vingt
et un mois les établit avec évidence : pourrait-on hésiter à abandonner une marche reconnue vicieuse ?

Non, cela ne se peut. Il faut revenir aux vrais
principes. Je les ai exposés toutes les fois que j'en ai
eu l'occasion. Je n'ai trouvé de disposition à les
saisir que dans l'administrateur placé depuis peu à la
tête de la division d'Alger, au ministère de l'intérieur.

Je classe ces principes et je les expose dans les termes suivans :

Proclamer la réunion définitive des terres de l'ex-
régence à la France ;

Adopter un système de colonisation qui réunisse
le double objet de faire marcher progressivement, et
avec la plus grande somme de sécurité, les établisse-

mens de colons, et de les faire contribuer à la défense commune ;

Obtenir par des traités partiels avec les scheiks ou
anciens des tribus ou peuplades, et de proche en
proche, au fur et à mesure des progrès des établissemens coloniaux, non-seulement leur soumission,
mais encore leur concours au maintien de la sûreté
publique contre les attaques des tribus avec lesquelles on ne serait pas encore entré en négociation;

Prendre des positions militaires en avant des fondations agricoles en les combinant de manière à ce
qu'elles reçoivent de celles-ci l'appui qu'elles lui prê-
teront elles-mêmes;

Lier toutes les parties de ce système par de petits
fortins ou blockhaus, environnés de travaux de campagne qui puissent offrir un asile toujours assuré
dans les mouvemens de la circulation des denrées;

Faire un choix dans les populations pour se procurer des auxiliaires indigènes. Les Maures sont ce
qu'il y aurait de plus convenable. Ils composent une
moitié de la population; ils professent le culte musulman : ils sont propriétaires, agriculteurs et négocians, et, en outre, plus susceptibles d'instruction
que les autres castes ;

N'employer des Juifs qu'avec la plus grande cir-
conspection. On compte parmi eux quelques hommes
honorables; mais la masse de cette nation, qui ne
s'élève que de 5 à 6,000 individus sur le territoire
ger, est en horreur aux sectateurs de Mahomet, qui
sont au nombre de 2,000,000.

( 137 )

Toutes ces mesures sont convenables, et d'une exécution plus facile qu'on ne le supposerait au premier aspect.

Il n'y a qu'un point délicat, c'est celui que j'indique en première ligne, la proclamation de la réunion définitive d'Alger à la France. Elle serait décisive par son effet moral.

L'incertitude qui règne sur le sortfutur de ce pays est un obstacle évident à ce que des capitalistes, des spéculateurs entreprenans osent se livrer aux opérations agricoles, commerciales et autres, dont Alger ferait concevoir l'idée si ses destinées étaient fixées.

Beaucoup de Maures, riches et influens, ont quitté la capitale au moment et depuis l'occupation française. On les verrait revenir avec leurs capitaux s'ils croyaient leur patrie adoptée par la France, désormais à l'abri de toute tourmente politique.

Leur exemple entraînerait grand nombre de leurs frères, dont l'existence est précaire dans les autres régences barbaresques, ainsi qu'à Maroc et en Égypte.

Cependant, quelques avantages que doive produire la déclaration du gouvernement, on ne saurait le blâmer s'il la diffère.

Les circonstances peuvent exiger cette retenue; lui seul en est juge.

Mais cette difficulté, si elle existe, ne doit pas retarder les améliorations devenues nécessaires dans le système qui régit la nouvelle possession. Les autres procédés indiqués ci-dessus doivent être suivis en tous cas et sans retard. Leur effet immédiat, indépendamment des bénéfices qui en résulteront pour la colonie, sera toujours d'imprimer l'opinion d'une conservation résolue en principe ; car, dira-t-on , si les Français ne devaient pas garder, ils ne se mettraient pas tant en frais.

Il n'y aurait point là de déception, car on doit vouloir garder ; et en voulant la fin, il faut, comme on le dit proverbialement, vouloir les moyens.

Si la France devait plus tard renoncer à la possession d'Alger, c'est qu'il y aurait nécessité ou convenance. Nécessité, elle serait affranchie par le fait de toutes les conséquences de l'abandon ; convenance, elle aurait le moyen de stipuler des avantages en faveur des colons.

Je puis garantir la possibilité de traités avec les chefs de tribus, que je propose et que je regarde comme moyen essentiel pour arriver graduellement à la soumission totale du pays. Pendant ma présence aux affaires, j'étais entré en rapport avec plusieurs de ces chefs, et mes propositions leur souriaient. C'était surtout dans ce genre de service que je faisais consister les premiers et principaux élémens de la haute police que le général en chef m'avait confiée.

J'ai aussi mon plan de colonisation, destiné à atteindre les deux destinations que j'ai indiquées plus haut. Ayant administré pendant trois ans le royaume d'Hanovre, qui est, en grande partie, peuplé de colons et serait, sans eux, presque inculte, j'ose croire que mes combinaisons à cet égard reposent sur de bonnes bases. Mais comme un autre projet a

été annoncé par M. le maréchal comte Clausel,
je dois respecter l'initiative qui lui appartient à plus
d'un titre.

Je résumerai la question algérienne dans ces
termes : si vous voulez traiter Alger comme vous
le feriez de toute province européenne qui tomberait
en votre pouvoir, vous ne réussirez pas. Si, au contraire, vous réglez vos mesures sur les convenances
locales, tout en faisant prévaloir les droits et les
intérêts nationaux, vous parviendrez à doter la France
d'une colonie d'un prix inestimable pour elle.

Ce résultat sera assez beau pour illustrer l'administration à laquelle il sera dû.

# SUPPLÉMENT

# AU CHAPITRE VI.

Il y a aujourd'hui (15 mai) un mois que les détails sur Alger, que l'on vient de lire, sont écrits. Dans cet intervalle, bien des bruits ont circulé ; quelques-uns même avec une enveloppe officielle.

On a su que des députés d'une tribu nomade puissante étaient venus faire une sorte de soumission au général en chef et lui apporter des présens ;

Que ces députés se retiraient chargés des cadeaux, reçus en échange des leurs, lorsqu'ils ont été dépouillés à peu de distance d'Alger par une tribu rivale et jalouse ;

Qu'en punition de ce vol, cette tribu, surprise de nuit par un fort détachement sorti d'Alger, avait cessé d'exister.

On a appris de la partie est du territoire de l'ancienne régence que la Casauba de Bone avait été surprise et enlevée par une poignée de Français, lesquels s'étaient maintenus dans sa possession jusqu'à l'arrivée de renforts qui avaient permis de faire occuper la ville elle-même, abandonnée par les Arabes après le sac complet de ses maisons.

On a cité des reconnaissances militaires poussées à quelques lieues dans les terres, vers l'Ouest.

On donne enfin de tous les points les récits les plus favorables sur les dispositions des peuplades insoumises, et chaque courrier de Toulon annonce de nouveaux envois en troupes, matériels et munitions, tels qu'il semble ne plus pouvoir rester de doute sur la prochaine pacification de la conquête de 1830.

Ce tableau, si merveilleux, s'embellit enfin des détails de tous les préparatifs qui se font en France pour l'envahissement de la ville et du Beilick de Constantine, c'est-à-dire de plus des deux tiers des terres de l'ancienne régence.

Eh bien! en admettant même la réalité de tous ces faits, je n'y trouve pas le plus léger motif de revenir sur un seul des points que j'ai avancés.

Qu'y a-t-il en effet dans tous ces événemens qui soit décisif en faveur de la question principale, la possession paisible du pays?

Serait-ce l'acquisition de Bone? Mais vous l'avez déjà occupée plusieurs fois sans retirer aucun avantage de cette disposition. A aucune de ces époques vous n'avez possédé un seul pouce du terrain extra-muros. Vous teniez alors une ville avec une certaine population; vous n'avez aujourd'hui que des ruines sans habitans. Et ne doit-on faire aucun compte de l'irritation produite sur les indigènes par les malheurs internes dont vos fréquentes apparitions et disparitions ont été cause?

Serait-ce vos promenades militaires dans l'intérieur

du pays ? Mais qui a jamais prétendu que mille à
douze cents français, marchant militairement et
avec de l'artillerie, ne pussent librement s'écarter
de quelques lieues de leurs cantonnemens? Ce fait
ne constate pas le libre usage de la campagne; loin
de rien préjuger en faveur de la sûreté des cultures,
il en prouve au contraire l'impossibilité.

Serait - ce enfin la destruction d'une tribu voisine d'Alger, pour punir un vol exercé au préjudice de quelques députés d'une autre peuplade?
Ces exemples sont en général de peu d'effet sur les
indigènes. Je l'ai déjà dit, le châtiment de quelques
voleurs est regardé comme une conséquence presque
inévitable du métier qu'ils professent ; la nouvelle en
est toujours reçue par les indigènes avec une stoïque
indifférence.

Mais s'il était vrai que les véritables coupables
n'appartinssent pas à la tribu massacrée ? si l'opinion
qu'une vengeance immédiate était une nécessité ré-
clamée par l'intérêt de la colonie avait fait admettre
des soupçons ou des données légèrement recueillies,
et que la vengeance n'eût pas porté sur les vrais coupables, quels regrets d'une part sur l'horreur d'une
pareille méprise; quelle impression terrible, de l'autre,
sur le sacrifice de vieillards, de femmes, d'enfans
étrangers aux motifs de représailles aussi sanglantes !

Ce seul fait n'élèverait-il pas une barrière presque insurmontable à tout rapprochement avec les
indigènes?

Si l'on entend punir tout les vols avec cette rigueur, il faut se déterminer dès à présent à une extermination complète des habitans des campagnes; car jusqu'à ce que l'on soit parvenu à refondre les mœurs des Arabes, on doit s'attendre à ce qu'ils ne laisseront jamais échapper une occasion de pillage.

L'inclination à s'emparer du bien d'autrui, toutes les fois qu'ils croient pouvoir le tenter à chances favorables ou tout au moins égales, est dans leurs idées, dans leurs mœurs et leurs goûts, dans leur éducation, et, chez un grand nombre, dans leurs principes religieux.

Les erreurs dans le discernement des coupables sont faciles à commettre.

Il en est de cette affaire-ci comme des deux femmes adultères, livrées au cadi sur sa demande. Leur sort était facile à prévoir; on ne pouvait ignorer que l'inexorable loi du prophète, fortifiée par l'empire des préjugés, les condamnaient à être cousues vivantes dans des sacs et précipitées ensuite dans les flots.

On a cru pouvoir se prémunir contre cette prescription du texte du Coran en se faisant promettre, par un engagement solennel du cadi ou de l'aga, la représentation de ces infortunées toutes les fois qu'on la requerrait. Mais a-t-on réfléchi à l'impossibilité de constater l'identité des individus? Le cadi ne peut-il vous présenter cinq cents femmes en les prétendant toutes être celles que vous lui avez confiées? Le mari seul pourrait les reconnaître, et c'est lui précisément qui a sollicité leur extermination.

Il y a une considération décisive qui doit faire redouter l'emploi exagéré et continuel de la violence.

Deux systèmes peuvent seuls trouver leur application dans le grand et l'unique but d'amener le territoire d'Alger à l'état de tranquillité qui doit garantir les avantages de sa possession ; les voies de terreur et celles de douceur fortifiées à propos et avec ménagement et discernement par l'emploi de la force.

Le premier système a été celui des Turcs pendant une domination de deux siècles. On les connaît pour être maîtres passés en fait de cruauté. Je ne sais si la supériorité qu'on pourrait se flatter d'obtenir sur eux en ce genre serait goûtée en France. D'abord je ne crois pas au succès de cette méthode, à quelque excès qu'on la poussât ; mais si on allait aux voix, la délicatesse de nos mœurs nous porterait plutôt à l'abandon de la colonie qu'à sa conservation par de pareils moyens.

Reste le second système, dont il n'a jamais été essayé en Afrique. C'est par la persuasion, par des traités successifs, par les avantages dont on fera jouir les populations, qu'on finira par leur faire préférer la domination française au despotisme violent sous lequel ils ont vécu jusqu'à la conquête de leur métropole.

Ce n'est point que j'entende interdire une juste sévérité ; je sais qu'il faut imprimer l'opinion d'une grande force dans le vouloir de l'autorité française, et que toute révolte doit être réprimée. Se dessaisir de ce droit et de son exercice dans des cas bien choisis, ce serait tomber dans l'avilissement et le mépris de toutes les castes amies ou ennemies.

Mais je condamne hautement ces mesures prises *ab irato*, ces proscriptions en masse, ces coups de tête qui peuvent valoir à leur auteur les complimens de quelques cerveaux brûlés, mais qui sont également rejetés par nos mœurs, par notre éducation, par notre intérêt, bien entendu.

Les journaux, par la facilité avec laquelle ils accueillent les récits mensongers qu'on leur adresse de tous les points occupés de l'Afrique, sont le plus grand obstacle à ce que la cause algérienne soit bien connue et que l'opinion puisse s'éclairer sur ce sujet.

Il est si facile de se faire louer, de dénaturer des faits, d'excuser des erreurs, quand les distances sont si considérables, et les lieux, les peuples et les faits si peu connus.

Quelle leçon pour le public, si on réunissait et si l'on mettait en regard toutes les billevesées dont on l'a entretenu depuis la conquête, relativement à ce qui s'est passé à Alger !

Le plus petit personnage, le plus inepte, a trouvé moyen de faire approuver ses actes les plus chétifs. Que de hautes capacités semblent réunies sur la côte d'Afrique! On dirait, en lisant ces correspondances mensongères, que la France s'est épuisée de talens en faveur de sa nouvelle possession.

Par compensation, beaucoup de dénigremens ont

vu le jour, sans que pour cela la question sur les hommes et sur les choses ait fait un seul pas vers la réalité.

Je me permettrai une seule question dans l'intérêt de la vérité. On a beaucoup appuyé jusqu'à ce jour sur des mouvemens militaires, sur des mesures de service relatives à l'armée, sur des défenses ajoutées sur certains points à celles qui existaient déja, etc., etc. Mais a-t-on indiqué une seule mesure administrative ou judiciaire, qui soit venue fortifier les dispositions prises d'urgence dans les premiers momens de l'occupation ?

A-t-on fait faire un seul progrès au grand objet de l'acquisition, celui qui doit la rendre fructueuse pour la métropole et utile individuellement à un grand nombre de ses enfants ?

A-t-on seulement arrêté un plan de colonisation ?

Je provoque hardiment une réponse à ces questions.

Je rends justice à la partie militaire de l'opération; tout ce qui y est relatif peut subir l'examen le plus minutieux. Tout y porte l'empreinte du talent, de l'expérience, du zèle.

Mais, encore une fois, ce n'est qu'avec le concours de l'intervention administrative, que la conquête peut atteindre à ses hautes destinées.

Et pour cela, que faut-il ? Connaître déja ou étudier le pays, non comme on apprend la topographie d'une ville et le nom de ses rues, mais en entrant dans les besoins, dans les idées, dans les préjugés de sa population.

C'est ce qu'on n'a point fait; c'est ce qu'on ne peut espérer des hommes, à qui près de deux ans de séjour n'ont pas acquis une seule idée.

A combien d'erreurs cependant n'est-on point exposé quand on ignore jusqu'aux plus simples notions des idées invétérées et dominantes, chez un peuple que l'on est appelé à régir? Je n'en citerai qu'un exemple, et ici l'erreur était excusable, car elle semblait s'appuyer sur la raison comme sur les convenances.

Dans le premier travail d'organisation générale que je soumis au général en chef, j'avais prévu la nécessité d'une institution provisoire judiciaire, qui conciliât tous les droits et remplît tous les besoins.

La proposition consistait dans la formation d'un tribunal, dont le fonds devait être français, avec adjonction de magistrats musulmans et hébreux, pour les cas où des individus de ces deux religions seraient en cause.

Le ministre général en chef avait approuvé cette pensée; il avait demandé à Paris un jurisconsulte que l'on pût charger de cette organisation et de la présidence de la justice.

M. le maréchal Clausel, appelé à lui succéder, sentit toute l'importance de cette disposition, et se fit suivre d'un praticien éclairé, qui devait la réaliser.

A l'arrivée à Alger du nouvel état-major de la colonie, ce jurisconsulte, qui en faisait partie, s'environna de toutes les lumières propres à le guider dans la délicate entreprise qui lui était confiée.

Dès que son travail fut prêt, il sollicita une réunion de la commission de gouvernement et pria le général en chef de la présider en personne, à l'effet de donner plus d'éclat et de solennité à la sanction de l'institution.

On ne m'avait point encore retiré le titre de membre de cette commission; je fus convoqué et j'assistai pour la dernière fois à ses réunions.

Le travail fut lu; la matière mise en délibération et ses conclusions admises.

Il ne s'agissait plus que de choisir les juges auxiliaires, que l'on devait prendre dans les cultes musulmans et hébraïques.

Quelqu'un proposa de s'arrêter aux deux principaux rabbins; ils furent acceptés.

Un autre membre de la commission, inspiré par cette idée, proposa à son tour les deux premiers muftis, chefs de l'islamisme.

En voyant avec quelle faveur cette opinion était accueillie, je me penchai vers le jurisconsulte et je lui dis à voix basse, d'arrêter l'élan de la délibération, parce que l'on marchait dans une fausse voie.

Il me répondit : je vous crois, mais l'essentiel aujourd'hui est de constituer l'institution elle-même; tout retard serait préjudiciable : on reviendra facilement sur les choix.

Frappé de cette raison, je me tus et ne pus le rejoindre après la séance, pour reprendre cette conversation.

Le lendemain mes craintes étaient réalisées : les muftis ou scheicks-islam (chefs de la loi) qui avaient d'abord accepté avec empressement, se rétractèrent avec indignation parce qu'ils apprirent qu'ils seraient obligés de siéger avec des Juifs.

On fut obligé de se rabattre sur des Maures qui n'appartenaient pas au corps respectable de l'Uléma.

Le tribunal fut ainsi frappé de défaveur dès sa naissance. Mille intrigues entravèrent ensuite ses premiers pas et amenèrent bientôt sa dissolution.

Ce qu'on institua à sa place n'a rempli que très imparfaitement sa destination. Un système judiciaire pour la colonie est encore à créer.

Je ne vois pas, je le répète, quelle sorte d'amélioration fondamentale l'administration d'Alger a reçu depuis les premières bases jetées dans les premiers instans de l'occupation.

Des mesures fiscales, dont quelques unes sont impolitiquement assises, sont les seules traces manifestes du passage de ces faiseurs que l'intrigue a poussés sur le sol africain, et que l'ignorance de l'état réel des choses y maintient, malgré les réclamations de toutes les parties froissées, tant indigènes que transplantées.

Je me résume : en fait de dispositions ou d'actes militaires, tout marche bien à Alger; mais aucun des principes qui doivent être suivis dans la fondation d'une colonie de cette nature spéciale n'y est mis en pratique.

De l'état où cette possession est tombée, il n'y a
rien à espérer d'avantageux pour la métropole, sans
un changement total de système.

On s'y maintiendra, sans nul doute, contre toutes
les attaques des indigènes ; mais qu'il y ait une rupture avec l'étranger, et la retraite de lord Grey peut
la faire craindre , la colonie n'ayant en elle-même
aucun fondement solide, ne pourra nullement contribuer à sa propre défense.

Sa sûreté reposera uniquement sur les troupes
qu'il faudra continuer d'entretenir à grands frais et à
travers les obstacles qui pourraient naître d'un blocus
ou de la présence de forces supérieures, ayant des
points d'appui à Malte et à Gibraltar.

Ces troupes peuvent un jour être plus utiles ou
même nécessaires sur d'autres points ; la conservation
ou l'abandon de cette colonie, dont on n'aura pas
su tirer parti, dépendront de circonstances qu'il est
impossible de prévoir.

Puissé-je me tromper !

# CONCLUSION.

Je viens de remplir une tâche pénible, puisque
j'ai été contraint, par la nature de mon sujet, et d'a-
près le but que je voulais atteindre, de me mettre
souvent en scène.

L'obligation m'en était imposée, par les attaques
sourdes, et sans faits articulés, auxquelles j'ai été en
butte depuis la chute de l'empire.

Sous la restauration, on repoussait toutes mes
demandes, en me qualifiant de *bonapartiste*; depuis
la révolution de juillet, on m'a appliqué l'épithète de
*carliste.*

Que signifiait la première attaque, alors que le
grand homme ne vivait plus que pour la postérité?

Je n'ai point mérité la seconde dans le sens qu'on
y attache. J'ai servi fidèlement, et avec le plus grand
zèle, pendant l'expédition d'Alger, le gouvernement
à qui on en a dû la conquête.

Mais cette conquête, la faisait-il pour lui ou pour
la France? La patrie ne survit-elle pas toujours à
tous les gouvernemens.

J'avais surmonté l'accusation de carlisme auprès
de M. le président du Conseil, mais ce n'avait point
été sans de grandes difficultés. M. Casimir Perrier

aborde avec la plus grande résolution tous les obstacles connus. Il est plus circonspect devant les
fantômes. C'est à la fois, en lui, preuve de force et
de prudence.

Dans ce qu'on lui articulait contre moi, il n'y
avait que du fantastique. Dire d'un homme que l'on
veut écarter, qu'il est vieux, usé, d'une opinion en-
nemie, sans appuyer d'aucune preuve ses assertions,
que tout démentait, cela pouvait produire un moment d'illusion, mais non avoir une longue influence
sur un esprit aussi supérieur.

J'avais reçu de sa bouche l'assurance qu'il n'était
nullement sous le joug de préventions à mon égard,
et la promesse que mon sort serait incessamment fixé.

Le déplorable événement qui prive la France de
ses services, détruit de nouveau mes espérances. Je
me vois prêt, dans une carrière déja avancée, à être
frustré du fruit de près de vingt - neuf ans de
services utiles, faute de pouvoir atteindre les qua-
torze mois d'activité qui me manquent pour avoir
droit à une pension de retraite.

Je dis services utiles, qu'on me permette d'en indiquer un qui a fourni le texte d'un rapport à la
tribune de la Chambre des députés (*Moniteur* du 16
octobre 1831).

L'Allemagne, en 1813, n'attendait, pour se mettre
en hostilités ouvertes contre la France, que le soulèvement de Hambourg, ville populeuse, toute an-
glaise par les intérêts de son commerce, quoique
réunie depuis quatre ans à l'empire, et dont l'exemple

devait entraîner tout le reste du nord de cette
contrée.

Cent mille Français, parmi lesquels les glorieux
débris de la grande armée, en couvraient les routes,
et avaient tout à craindre de l'irritation des esprits.

Un mouvement fut combiné par les puissances
alliées, pour produire le soulèvement de Hambourg.
Le général russe Tzernicheff devait pousser un
houra dans Berlin, et y enlever le maréchal duc de
Castiglione, qui n'avait avec lui qu'une faible garde
d'honneur.

Le signal du houra devait être immédiatement
après donné à Hambourg, que M. le lieutenant-gé-
néral comte Carra Saint-Cyr gardait avec quelques
compagnics d'infanterie, une poignée de gendarmes
et un noyau de préposés des douanes.

Le houra eut lieu à Berlin; sans succès, le 20 février 1813. L'insurrection éclata et fut réprimée à
Hambourg quatre jours après (24 février).

On put prévoir dès ce moment que l'évacuation
de cette ville ne pouvait plus être évitée, mais il importait au moins d'en retarder l'époque autant que
possible, et de dissimuler le moment où elle s'exé-
cuterait.

Il me fut en conséquence prescrit, par l'*ordre* le
plus *minutieux* et le plus *formel*, de sacrifier tout ce
que je possédais à cette nécessité.

Je dus communiquer la même injonction à tous
les chefs de service; leur conduite fut digne de la
gravité des circonstances. Mais comme tous les yeux

étaient fixés sur moi, attendu que je devais, par ma position, être le mieux informé des mouvemens de l'ennemi, je dus me résoudre à un sacrifice entier ; je n'hésitai point.

A la reprise de Hambourg, par l'effet de l'armistice signée après les batailles de Lutzen et de Bautzen, l'Empereur, juste appréciateur d'une abnégation aussi complète de l'intérêt privé, en faveur du bien public, ordonna la formation d'une commission mi-partie française et mi-partie hambourgeoise, pour apprécier l'étendue des pertes. Il en assigna le remboursement sur les produits des contributions de Hambourg.

Les besoins de l'armée absorbèrent cette ressource. Les fonds spéciaux affectés au remboursement servirent à acquitter une partie de la solde du 14ᵉ corps d'armée; le trésor public paya ce qui en restait dû à la rentrée de ces troupes en France.

La restauration a éludé ce remboursement. On disait alors qu'elle prenait peu d'intérêts à ce qui lui était antérieur, et ne pouvait être responsable de sacrifices faits pour sauver les débris de la grande armée.

La révolution de juillet ne pouvait pas tenir ce langage. Aussi ma pétition rapportée dans la séance du 11 octobre 1831, n'a-t-elle été suivie de l'ordre du jour après un hommage public rendu à la justice de la demande par l'honorable M. Martin du Nord, rapporteur, que parceque la juridiction ministérielle n'était point épuisée à son égard.

. Je suis en réclamation devant le ministère de l'intérieur.

Dois-je espérer justice? l'origine de ma créance
paraîtra-t-elle assez légitime, assez honorable? Oui,
si le ministre la juge dans son for intérieur.

Mais si les obsessions qui assiégent le pouvoir
et dont je ressens depuis dix-huit mois les dures
atteintes, conservent leur empire, j'ai à craindre de
voir rejeter ce glorieux titre à la justice du gouvernement, comme l'ont été toutes les demandes que
j'ai faites, depuis mon retour d'Alger pour obtenir
de l'emploi.

Il n'existait avant 1814 que cinq directeurs généraux de police, pour les cinq grandes réunions des
annexes faites successivement à l'empire. Un de
ces fonctionnaires n'est point rentré en France en
1814. Il s'était marié et s'est fixé à Turin. Trois ont
été nommés Préfets sous la restauration ou depuis
la révolution de juillet. Seul, je n'ai rien obtenu, et
j'ai pourtant sur eux l'avantage de la campagne
d'Alger.

Dira-t-on que les sujets, doués de quelque aptitude et de beaucoup d'expérience sont tellement
communs, qu'on se voit forcé de rejeter les anciens
serviteurs ? Mais on se plaint sans cesse de l'insuffisance de moyens dans la plupart des fonctionnaires
administratifs. Il est même question depuis plusieurs
mois, et le bruit se répand de nouveau, qu'un rema-
niement dans les préfectures est devenu indispensable.

Prétendra-t-on que l'état intérieur du royaume est

tellement rassurant, que la machine puisse marcher avec les moyens les plus ordinaires et par la seule force des choses? A cela, les faits répondent. C'est au retentissement des cris des victimes, à la lueur des incendies, aux téméraires tentatives des ennemis de l'État, que le gouvernement peut apprendre quelle est la situation de cette France, dont il tient les destinées dans ses mains.

Pour que l'on me repousse dans une crise pareille, il faut qu'il y ait des motifs graves. Qu'on me les fasse connaître. Si on s'y refuse, il me sera permis de révéler moi-même le fond de ces sales intrigues, et de m'étonner que le pouvoir en ait été aussi long-temps la dupe. La révélation ne sera pas en pure perte pour l'État : car ce qui m'arrive dans mon étroite sphère, doit se faire sentir dans plus d'un autre cas.

# TABLE DES MATIÈRES

## CONTENUES DANS CE VOLUME.

Supplément au Chapitre VI. — Discussion à l'occasion des dernières nouvelles d'Alger.

Conclusion.